# LES BELLES TARTES REPAS DE Zolo tambouille

Lauren Ferrié
@lolotambouille

# LES BELLES TARTES REPAS DE Lolo tambouille

**40 RECETTES**
*de tartes & quiches*
**POUR TOUTES LES SAISONS !**

LAROUSSE

# LE MOT
# *de Lauren*

Si vous ouvrez ce livre de recettes consacré aux quiches et aux tartes, c'est que tout comme moi, vous adorez ça !

Pour un repas simple, rapide et modifiable à l'infini, les quiches et les tartes ont le pouvoir de régaler le plus grand nombre sans avoir à passer des heures derrière les fourneaux... C'est d'ailleurs le but que je poursuis depuis 15 ans qu'existe mon blog de cuisine « Lolo et sa Tambouille » : prouver que l'on peut tout à fait manger sainement et prendre plaisir à concocter de savoureux petits plats maison quotidiennement, et ce malgré une vie active toujours plus intense !

Épicurienne dans l'âme, amoureuse de ma région du Sud-Ouest et de ses bons produits, je m'attache à vous proposer des recettes variées et faciles, parfois gourmandes, toujours dans le souci de faciliter votre quotidien. Les tartes et les quiches sont des repas que j'affectionne particulièrement : on en varie la garniture au fil des saisons et on peut ainsi les apprécier sans jamais s'en lasser.

Vous retrouverez dans cet ouvrage 40 recettes de tartes et de quiches, 30 salées et 10 sucrées, pour vous régaler au rythme des saisons, ainsi que des salades d'accompagnement. Je vous livre également tous mes conseils, mes astuces ainsi que mes pâtes à tarte et quiche fétiches afin que vous puissiez reproduire chez vous de belles et bonnes tartes 100 % maison !

Maman dynamique d'un petit garçon de 10 ans et Toulousaine de cœur, passionnée de cuisine, je prends un réel plaisir à vous partager mes recettes, parce que, comme j'aime à le dire, bien manger, c'est le début du bonheur !

*Lauren Ferrié*
Lolo et sa Tambouille
cuisinelolo.fr

# SOMMAIRE


Le mot de Lauren ..... 5

**INTRODUCTION** ..... 8

Mes recettes de base ..... 10
Pâte brisée à l'huile d'olive ..... 10
Pâte brisée classique ..... 10
Pâte brisée au fromage blanc ..... 11
Pâte sablée ..... 11
Pâte sablée rapide ..... 11
Pâte sucrée ..... 11

Mes petits conseils et astuces pour des tartes réussies ..... 13

Questions pas si bêtes ! ..... 14

Petit lexique ..... 15

**QUELQUES IDÉES DE SALADES** ..... 16
Salade d'endives aux pommes et aux noix ..... 16
Salade de roquette aux pignons et au parmesan ..... 17
Salade de mâche aux raisins et aux noisettes ..... 18
Salade de quinoa à la tomate, concombre et menthe ..... 19
Salade de poivrons à la grecque ..... 20
Salade d'avocats au jambon, poivron et oignon rouge ..... 21

**LES RECETTES SALÉES** ..... 22
Tarte rustique aux champignons, épinards et noisettes ..... 24
Quiche légère aux légumes d'été ..... 26
Tarte fine aux courgettes et à la feta ..... 28
Tartelettes au butternut, confit d'oignons et roquefort ..... 30
Quiche aux carottes, chèvre frais et chorizo ..... 32
Pissaladière revisitée aux sardines et deux oignons ..... 34
Tourte aux épinards, chorizo et ricotta ..... 36
Tarte crumble à l'aubergine, pesto et chèvre frais ..... 38
Quiche lorraine comme chez le boulanger ..... 40
Tatin de poivrons ..... 42
Tarte au potimarron, noisettes et bleu d'Auvergne ..... 44
Quiche au brocoli, saumon et parmesan ..... 46
Tatins aux pommes et au magret de canard fumé ..... 48
Mini-quiches allégées aux poivrons et aux olives noires ..... 50
Tarte fine aux poireaux et aux Saint-Jacques ..... 52
Tarte aux ravioles et à la mozzarella ..... 54
Quiche au butternut et au chorizo ..... 56
Tartelettes express eau thon et aux tomates ..... 58
Quiche toute verte ..... 60
Tarte aux poires, lardons et chèvre ..... 62
Tarte façon bolognaise ..... 64
Quiche aux pommes de terre, lardons et comté ..... 66
Tartelettes fines aux tomates cerise et au pesto ..... 68
Quiche au poulet, carottes et curry ..... 70
Tatin de pommes de terre au lard ..... 72
Tarte légère aux courgettes et à la burrata ..... 74
Quiche aux poireaux, saumon et lait de coco ..... 76
Tarte à la patate douce et aux oignons rouges ..... 78
Flammekueche légère au saumon fumé ..... 80
Tatins aux oignons rouges et au sirop d'érable ..... 82

**LES RECETTES SUCRÉES** ..... 84
Tartelettes aux pommes et au mascarpone ..... 86
Tarte aux framboises et à la crème pâtissière ..... 88
Tarte amandine aux poires et au chocolat ..... 90
Tartelettes au citron et aux spéculoos ..... 92
Tarte aux cerises amarena et à la pistache ..... 94
Tarte au chocolat ..... 96
Tartelettes aux abricots et à la crème de noisette ..... 98
Tarte tatin à la banane ..... 100
Tarte à la fourchette ..... 102
Tarte façon cookie au chocolat et caramel ..... 104

**INDEX PAR RECETTE** ..... 106

**INDEX PAR INGRÉDIENT** ..... 108

# INTRODUCTION

# MES RECETTES
## de base

### Pâte brisée à l'huile d'olive

**POUR 1 TARTE**

200 g de farine
7 cl d'huile d'olive
7 cl d'eau
1 pincée de sel

1 Mélangez le tout et roule ma poule !

### Pâte brisée classique

**POUR 1 TARTE**

125 g de beurre mou
250 g de farine
1 jaune d'œuf
2 c. à soupe d'eau
1 pincée de sel

1 Dans un saladier, à la main ou au robot muni de la feuille, sablez le beurre, la farine et le sel, jusqu'à obtention d'une poudre sableuse.

2 Ajoutez le jaune d'œuf, puis versez l'eau petit à petit jusqu'à obtention d'une boule de pâte souple. Filmez-la dans du film alimentaire et entreposez-la au frais pendant 2 h.

3 Étalez la pâte avec un rouleau à pâtisserie sur un plan de travail fariné pour former un disque, puis foncez-en un moule à tarte. Piquez le fond à la fourchette et garnissez.

### Pâte brisée au fromage blanc

**POUR 1 TARTE**

200 g de farine
120 g de fromage blanc
(de yaourt ou de petit-suisse)
3 c. à soupe d'huile d'olive
3 c. à soupe d'eau
2 pincées de sel

1 Mélangez tous les ingrédients du bout des doigts. Travaillez la pâte jusqu'à ce qu'elle soit homogène et souple.

2 Étalez la pâte avec un rouleau à pâtisserie sur un plan de travail fariné pour former un disque, puis foncez-en un moule à tarte. Piquez le fond à la fourchette et garnissez.

# Pâte sablée

**POUR 1 TARTE**

280 g de farine
80 g de sucre
140 g de beurre en morceaux
1 œuf battu
1 pincée de sel

1 Au robot ou à la main, mélangez la farine avec le sucre et le sel. Ajoutez le beurre froid coupé en morceaux et mélangez du bout des doigts jusqu'à obtention d'un mélange sableux. Ajoutez l'œuf et mélangez juste le temps d'amalgamer ce dernier.

2 Travaillez la pâte avec les mains jusqu'à l'obtention d'une boule de pâte. Filmez la boule obtenue dans du film alimentaire et entreposez-la 30 min au frais avant de l'utiliser.

3 Étalez la pâte avec un rouleau à pâtisserie sur un plan de travail fariné pour former un disque, puis foncez-en un moule à tarte.

# Pâte sablée rapide

**POUR 1 TARTE**

220 g de farine
½ c. à café de bicarbonate alimentaire
90 g de beurre
4 à 5 cl d'eau

1 Dans le bol d'un robot muni de la feuille ou à la main, mélangez la farine et le bicarbonate alimentaire avec le beurre froid coupé en petits morceaux, jusqu'à obtention d'un mélange sableux.

2 Versez l'eau petit à petit, jusqu'à la formation d'une boule de pâte lisse et non collante.

3 Étalez la pâte avec un rouleau à pâtisserie sur un plan de travail fariné pour former un disque, puis foncez-en un moule à tarte.

# Pâte sucrée

**POUR 1 TARTE**

150 g de beurre
70 g de sucre glace
1 œuf
250 g de farine
30 g de poudre d'amande
2 pincées de fleur de sel

1 Au robot muni de la feuille ou avec une spatule, crémez le beurre mou avec le sucre glace. Ajoutez l'œuf entier et mélangez avec une spatule.

2 Incorporez la farine, la poudre d'amandes et le sel, puis mélangez à la main sans trop travailler la pâte.

3 Filmez la boule obtenue dans du film alimentaire et entreposez-la 30 min au frais avant de l'utiliser.

4 Étalez la pâte au rouleau à pâtisserie, sur un plan de travail légèrement fariné, sur une épaisseur d'environ 3 mm. Foncez le cercle à pâtisserie ou le moule à tarte et garnissez.

# MES PETITS CONSEILS ET ASTUCES

*pour des tartes réussies*

* **L'appareil à quiche** de base, aussi appelé migaine : il faut compter 2 œufs pour 20 cl de crème fraîche liquide ou épaisse.

* **Toutes les farines n'ont pas la même qualité d'absorption**, il convient donc de verser l'eau petit à petit lors de la réalisation d'une pâte à tarte.

* N'hésitez pas à **twister vos pâtes à tarte** avec des graines (lin, pavot, etc.), des épices ou des herbes (thym, curry, romarin, curcuma, etc.) et même un peu de parmesan.

* **Variez les farines !** Vous pouvez sans problème remplacer en partie ou en intégralité la farine de blé par une farine complète, semi-complète, etc. Il faudra cependant veiller à ajuster la quantité de liquide, ces farines n'ayant pas la même qualité d'absorption.

* En version sucrée, **variez les sucres et ajoutez des épices** comme de la cannelle, par exemple !

* Il est important de **piquer les fonds de tarte** à la fourchette, afin d'éviter que la pâte ne gonfle lors de la cuisson. Cela évitera également à la pâte de se gorger de liquide et de ne pas cuire correctement.

* Pour éviter qu'une pâte à tarte ne se détrempe piquez le fond à la fourchette ne suffit pas toujours, notamment pour des tartes à la tomate ou aux fruits. Voici quelques astuces. Pour les tartes salées : badigeonnez le fond de tarte de pesto, de moutarde, de tapenade, etc. Vous pouvez également badigeonner un peu de blanc d'œuf avec un pinceau alimentaire. Autre solution, un peu de chapelure, de semoule fine ou même du lait en poudre, qui absorberont le jus ! Pour les tartes sucrées : parsemez le fond de tarte de poudre de noisettes ou de poudre d'amandes avant de déposer les fruits.

* **Ne travaillez jamais trop une pâte à tarte**, au risque que cette dernière devienne collante et un peu caoutchouteuse. Ce n'est pas grave s'il reste des petites traces de beurre, au contraire !

* Vous trouvez que vos tartes sucrées sont un peu ternes ? Badigeonnez-les avec un peu de confiture d'abricot ou du sirop d'érable à l'aide d'un pinceau alimentaire. Jolie dorure garantie !

# QUESTIONS
## *pas si bêtes !*

*** Quelle est la différence entre une tarte et une quiche ?**
Dans une quiche, il y a toujours une migaine, c'est-à-dire un mélange d'œufs et de crème, contrairement à la tarte, qui n'en contient pas forcément.

*** Quelle pâte pour quelle tarte ?**
Pour les tartes salées, une pâte feuilletée ou une pâte brisée, et pour les sucrées, une pâte brisée, sucrée ou sablée !

*** Crème liquide ou crème épaisse ?**
Il convient de préférence d'utiliser de la crème liquide, plutôt entière, qui apportera de l'onctuosité et du liant à la quiche. Mais l'on peut faire de très bonnes quiches avec de la crème épaisse aussi !

*** Légère ou entière ?**
Tout est une question de régime ! Il est préférable d'utiliser une crème entière qui apportera de l'onctuosité, mais je réalise la majeure partie du temps mes quiches avec de la crème allégée et le résultat est très bien également !

*** Je n'ai plus de crème fraîche, par quoi puis-je la remplacer ?**
Pas de panique ! Il existe des alternatives à la crème, en voici quelques-unes : du fromage blanc, du lait concentré non sucré, du lait ou de la crème de coco, de la crème de soja ou d'avoine.

*** J'ai un reste de pâte maison, que puis-je en faire ?**
Toutes les pâtes à tartes se congèlent très bien, vous pouvez donc mettre le surplus au congélateur pour une utilisation ultérieure.

*** Combien de temps à l'avance puis-je préparer une tarte salée ou sucrée ?**
Une tarte salée peut sans problème se réaliser 2 jours à l'avance. Il suffira de bien la laisser refroidir après cuisson et de l'envelopper dans du film alimentaire. Les tartes salées se congèlent également très bien, il vous suffit de les couper en parts et de les placer dans des récipients adaptés ou dans des sacs congélation. Il ne vous restera plus qu'à sortir des parts selon les besoins, bien pratique si vous êtes adepte du batch cooking !

Pour les faire réchauffer, évitez le micro-ondes afin de ne pas ramollir la pâte ! Privilégiez un réchauffage au four pendant quelques minutes à 100 °C environ.

Pour les tartes sucrées, aux fruits ou autres, ces dernières se conserveront également très bien pendant 2 jours au frais, enveloppées dans du film alimentaire.

*** Sur quelle épaisseur doit-on étaler une pâte à tarte ?**
Afin que cette dernière puisse cuire correctement, il convient de l'étaler sur une épaisseur de 2 à 3 mm.

*** Comment obtenir une quiche bien épaisse ?**
L'astuce est d'utiliser un moule à manqué à bord haut, d'environ 20 à 22 cm de diamètre et de doubler les doses de migaine. Pour rappel, on compte 20 cl de crème pour 2 œufs.

# PETIT
## lexique

* **Cuire à blanc :** signifie cuire le fond de tarte sans garniture dessus. On utilise souvent cette technique dans le cas de tartes avec de la crème pâtissière (voir la tarte aux framboises et à la crème pâtissière p. 88). Il convient de piquer le fond de pâte avec une fourchette et de déposer dessus une feuille de papier cuisson découpée à la taille du moule à tarte, puis de poser par-dessus des billes de céramique ou des haricots secs, afin d'éviter que la pâte ne gonfle.

* **Cul-de-poule :** c'est tout simplement l'ustensile dans lequel on prépare la migaine. Il est de forme bombée et permet de mélanger de façon homogène.

* **Filmer au contact :** consiste à poser un film alimentaire directement sur une crème ou une autre préparation afin d'éviter que cette dernière ne rentre en contact avec l'air. Cela évite la condensation ainsi que la formation d'une pellicule à la surface.

* **Appareil :** il s'agit d'un mélange de plusieurs ingrédients dans le but de réaliser une recette, le plus souvent un mélange de farine, sucre, œuf et d'un liquide.

* **Migaine :** c'est le mélange d'œufs et de crème fraîche servant de base à la plupart des quiches.

* **Foncer un moule :** désigne l'action de garnir un moule avec une pâte brisée, sablée, etc.

* **Fraiser une pâte :** signifie mélanger grossièrement les ingrédients d'une pâte, sans trop la travailler.

**Pour retrouver les différentes catégories de recettes, suivez le guide :**

Recette végétarienne

Recette spéciale printemps-été

Recette spéciale automne-hiver

# Quelques idées de SALADES

# SALADE D'ENDIVES
## *aux pommes et aux noix*

1 Effeuillez les endives. Émincez-les grossièrement et versez-les dans un saladier.

2 Pelez et épépinez les pommes vertes. Détaillez-les en petits dés. Ajoutez les dés de pommes dans le saladier avec les noix grossièrement concassées.

3 Préparez la vinaigrette en émulsionnant la moutarde avec le vinaigre de cidre et l'huile de noix. Salez et poivrez.

4 Servez la salade arrosée de vinaigrette.

***Le petit plus de Lolo***
*Pour une salade plus gourmande, vous pouvez y ajouter quelques morceaux de comté, de roquefort ou de bleu.*

**POUR 6 PERSONNES EN ACCOMPAGNEMENT**

4 endives
2 pommes vertes
60 g de noix
1 c. à café de moutarde mi-forte
1 c. à café de vinaigre de cidre
3 c. à soupe d'huile de noix
Sel et poivre

***Je la sers avec :***
Tarte rustique aux champignons, épinards et noisettes (voir p. 24)
Tartelettes au butternut, confit d'oignon et roquefort (voir p. 30)
Tatins aux oignons rouges et au sirop d'érable (voir p. 82)
Tarte aux poires, lardons et chèvre (voir p. 62)
Tarte au potimarron, noisettes et bleu d'Auvergne (voir p. 44)
Tatins aux pommes et au magret de canard fumé (voir p. 48)

# SALADE DE ROQUETTE
## *aux pignons et au parmesan*

1 Dans une poêle à sec, faites dorer les pignons de pin pendant quelques minutes. Ajoutez-les dans le saladier contenant la roquette avec les copeaux de parmesan.

2 Pelez et hachez finement la gousse d'ail.

3 Dans un bol, mélangez le vinaigre balsamique avec l'ail, du sel, du poivre et l'huile d'olive. Servez la salade arrosée de vinaigrette.

*Le petit plus de Lolo*
*En saison, vous pouvez y ajouter quelques dés de melon et quelques tomates cerises.*

**POUR 6 PERSONNES EN ACCOMPAGNEMENT**

100 g de roquette
30 g de pignons de pin
40 g de copeaux de parmesan
1 petite gousse d'ail
2 c. à soupe de vinaigre balsamique
3 c. à soupe d'huile d'olive
Sel et poivre

*Je la sers avec :*
Tarte fine aux courgettes et à la feta (voir p. 28)
Tarte aux ravioles et à la mozzarella (voir p. 54)
Flammekueche légère au saumon fumé (voir p. 80)
Tartelettes fines aux tomates cerises et au pesto (voir p. 68)
Tarte légère aux courgettes et à la burrata (voir p. 74)
Quiche lorraine comme chez le boulanger (voir p. 40)
Tatin de poivrons (voir p. 42)
Pissaladière revisitée aux sardines et deux oignons (voir p. 34)
Tatin de pommes de terre au lard (voir p. 72)
Quiche au brocoli, saumon et parmesan (voir p. 46)
Tarte crumble aux courgettes, pesto et chèvre frais (voir p. 38)
Quiche aux carottes, chèvre frais et chorizo (voir p. 32)
Tarte façon bolognaise (voir p. 64)

# SALADE DE MÂCHE
## aux raisins et aux noisettes

1 Faites torréfier les noisettes entières pendant 10 min au four à 180 °C. Retirez la peau en les frottant entre vos mains et concassez-les grossièrement.

2 Placez la mâche dans un saladier. Ajoutez-y le raisin, puis les noisettes.

3 Pelez et hachez finement l'échalote. Dans un bol, émulsionnez l'huile de noisette avec l'échalote et le vinaigre de vin. Servez la salade arrosée de vinaigrette.

*Le petit plus de Lolo*
*Hors saison, remplacez les raisins par des raisins secs.*

**POUR 6 PERSONNES
EN ACCOMPAGNEMENT**

125 g de mâche
70 g de raisin noir (ou blanc)
40 g de noisettes entières
1 petite échalote
2 c. à soupe d'huile de noisette
1 c. à soupe de vinaigre de vin

*Je la sers avec :*
Tarte rustique aux champignons, épinards et noisettes (voir p. 24)
Tartelettes au butternut, confit d'oignon et roquefort (voir p. 30)
Tatins aux oignons rouges et au sirop d'érable (voir p. 82)
Quiche au poulet, carottes et curry (voir p. 70)
Tarte au potimarron, noisettes et bleu d'Auvergne (voir p. 44)
Tarte à la patate douce et aux oignons rouges (voir p. 78)
Quiche au butternut et au chorizo (voir p. 56)

# SALADE DE QUINOA
## à la tomate, concombre et menthe

**POUR 6 PERSONNES EN ACCOMPAGNEMENT**

125 g de quinoa
150 g de tomates cerises
½ concombre
6 feuilles de menthe (à ajuster selon le goût)
1 oignon rouge
10 olives noires de Kalamata
Le jus de ½ citron
3 c. à soupe d'huile d'olive
Sel et poivre

1 Faites cuire le quinoa selon les indications du paquet. Rafraîchissez-le sous l'eau froide, égouttez-le et réservez dans un saladier.

2 Épluchez et émincez finement l'oignon rouge. Coupez les tomates cerises en deux. Détaillez le concombre en petits dés.

3 Ajoutez tous ces éléments ainsi que les olives noires dans le saladier contenant le quinoa. Ciselez finement la menthe dessus.

4 Dans un bol, mélangez le jus de citron avec l'huile d'olive. Salez et poivrez.

5 Versez cette vinaigrette sur la salade et mélangez intimement le tout. Servez la salade bien froide.

*Le petit plus de Lolo*
*Vous pouvez y ajouter quelques dés de feta !*

*Je la sers avec :*
Tarte fine aux courgettes et à la feta (voir p. 28)
Quiche légère aux légumes d'été (voir p. 26)
Tartelettes express au thon et aux tomates (voir p. 58)
Tourte aux épinards, chorizo et ricotta (voir p. 36)
Tatin de poivrons (voir p. 42)
Quiche toute verte (voir p. 60)

# SALADE DE POIVRONS
## *à la grecque*

1 Préchauffez le four en position gril.

2 Coupez en deux les poivrons, épépinez-les et retirez les cloisons blanches. Aplatissez-les avec la main sur une plaque allant au four recouverte de papier cuisson. Enfournez pour 15 min de cuisson ou jusqu'à ce que la peau noircisse et se boursoufle.

3 À la sortie du four, enfermez les poivrons dans une feuille de papier d'aluminium et laissez reposer 10 min. Retirez la peau et détaillez-les en lamelles. Disposez-les dans une assiette creuse.

4 Pelez et hachez finement les gousses d'ail. Répartissez-les sur les poivrons et mélangez.

5 Disposez dessus les olives noires ainsi que les feuilles de basilic. Émiettez la feta. Salez, poivrez et arrosez d'huile d'olive.

**POUR 6 PERSONNES EN ACCOMPAGNEMENT**

6 poivrons de couleurs différentes
8 olives noires de Kalamata
150 g de feta
2 gousses d'ail
6 feuilles de basilic
2 c. à soupe d'huile d'olive
Sel et poivre

*Je la sers avec :*

Quiche légère aux légumes d'été (voir p. 26)
Tartelettes fines aux tomates cerises et au pesto (voir p. 68)
Flammekueche légère au saumon fumé (voir p. 80)
Tarte légère aux courgettes et à la burrata (voir p. 74)

# SALADE D'AVOCATS AU JAMBON,
## *poivron et oignon rouge*

**POUR 6 PERSONNES EN ACCOMPAGNEMENT**

3 avocats
6 tranches de jambon de Parme
1 poivron rouge
1 oignon rouge
Le jus de 1 citron
1 petite boîte de grains de maïs
10 brins de ciboulette
3 c. à soupe de vinaigre balsamique
Sel et poivre

1 Épépinez et détaillez en petits dés le poivron rouge. Pelez et émincez finement l'oignon rouge. Détaillez les avocats en dés et arrosez-les avec un peu de jus de citron afin d'éviter qu'ils ne noircissent. Versez le tout au fur et à mesure dans un saladier.

2 Ajoutez les grains de maïs ainsi que la ciboulette ciselée, le restant de jus de citron et le vinaigre balsamique. Salez et poivrez. Mélangez le tout délicatement pour ne pas écraser l'avocat.

3 Dressez la salade dans des assiettes creuses et surmontez avec une tranche de jambon de Parme.

*Je la sers avec :*
Tartelettes express au thon et aux tomates (voir p. 58)
Flammekueche légère au saumon fumé (voir p. 80)
Tarte légère aux courgettes et et à la burrata (voir p. 74)
Tartelettes fines aux tomates cerises et au pesto (voir p. 68)

# Les RECETTES salées

# TARTE RUSTIQUE
## *aux champignons, épinards et noisettes*

*Une tarte aux bonnes odeurs de sous-bois !*

**PRÉPARATION : 30 MIN**
**CUISSON : 30 MIN**

**POUR 6 PERSONNES**

1 pâte brisée à l'huile d'olive réalisée avec 100 g de farine de blé et 100 g de farine de blé noire
250 g de champignons de Paris frais
150 g d'épinards cuits
50 g de noisettes entières
2 gousses d'ail
1 oignon
2 c. à soupe de moutarde à l'ancienne
1 c. à soupe d'huile d'olive
Sel et poivre

1 Préparez la pâte brisée à l'huile d'olive (voir p. 10). Étalez-la en un disque sur une plaque allant au four recouverte de papier cuisson ou d'un tapis en silicone. Réservez.

2 Coupez le pied terreux des champignons, lavez-les soigneusement, puis émincez-les finement.

3 Épluchez et hachez les gousses d'ail. Épluchez et ciselez finement l'oignon. Dans une sauteuse ou une poêle, faites-les revenir avec l'huile d'olive pendant 2 min. Ajoutez-y les champignons de Paris et faites revenir à feu moyen jusqu'à ce que toute l'eau des champignons se soit évaporée. Salez et poivrez.

4 Préchauffez le four à 180 °C. Répartissez la moutarde à l'ancienne sur le fond de tarte. Déposez-y les épinards cuits, puis recouvrez avec le mélange de champignons. Rabattez les bords de la tarte vers le centre afin de lui donner un côté rustique. Concassez grossièrement les noisettes sur le dessus de la tarte. Enfournez pour 25 min de cuisson.

***Le petit plus de Lolo***
*Cette tarte rustique pourra également se réaliser avec des cèpes.*

# QUICHE LÉGÈRE
## *aux légumes d'été*

*Une tarte idéale pour profiter des beaux légumes gorgés de soleil !*

**PRÉPARATION : 30 MIN**
**CUISSON : 1 H 05**

### POUR 6 PERSONNES

1 pâte brisée au fromage blanc (voir p. 10)
1 poivron rouge
250 g de courgettes
250 g d'aubergine
2 gousses d'ail
4 œufs
40 cl de crème liquide allégée à 12 %
50 g de parmesan râpé
5 brins de ciboulette
5 feuilles de basilic
1 c. à soupe d'huile d'olive
Sel et poivre

1 Détaillez les courgettes en rondelles fines à l'aide d'une mandoline. Coupez les aubergines également en rondelles, puis recoupez chaque rondelle en 4. Épépinez et retirez les cloisons blanches du poivron, puis détaillez-le en fines lamelles. Épluchez et hachez finement les gousses d'ail.

2 Dans une sauteuse ou une grande poêle, à feu moyen, faites chauffer l'huile d'olive et faites-y revenir l'ail pendant 1 min. Ajoutez le poivron et poursuivez la cuisson 5 min. Ajoutez les courgettes et les aubergines et laissez cuire le tout pendant 20 min en remuant régulièrement. Les légumes doivent être fondants et commencer à dorer légèrement.

3 Pendant ce temps, préparez la pâte brisée au fromage blanc (voir p. 11) et foncez-en un moule à tarte de 25 cm de diamètre et 5 cm de hauteur.

4 Préchauffez le four à 180 °C. Piquez le fond de tarte avec une fourchette et réservez.

5 Dans un grand bol, fouettez les œufs entiers avec la crème liquide. Ajoutez le parmesan râpé ainsi que la ciboulette et le basilic préalablement ciselés, puis salez et poivrez.

6 Répartissez les légumes sur le fond de tarte et versez-y l'appareil précédent. Enfournez pour 40 min de cuisson.

**EN TOUTE SAISON**

N'hésitez pas à varier les légumes de cette quiche selon les saisons.

# TARTE FINE
## *aux courgettes et à la feta*

*Une recette facile pour un repas sain et léger !*

**PRÉPARATION : 20 MIN**
**CUISSON : 30 MIN**

**POUR 4 À 6 PERSONNES**

1 pâte brisée (voir p. 10)
250 g de courgettes
150 g de feta
100 g de crème fraîche
20 g de pesto verde
10 g de pignons de pin
Poivre

1 Préchauffez le four à 180 °C. Détaillez les courgettes en rondelles fines. Déposez la pâte brisée sur une plaque allant au four recouverte d'un tapis en silicone ou de papier cuisson.

2 Dans un petit bol, mélangez la crème fraîche avec le pesto et le poivre, puis répartissez ce mélange sur le fond de tarte.

3 Disposez les rondelles de courgettes en les faisant se chevaucher un peu, puis émiettez la feta sur les courgettes à l'aide d'une fourchette. Parsemez de pignons de pin. Enfournez pour 30 min de cuisson.

*Le petit plus de Lolo*
*Inutile de saler, la feta l'étant déjà !*

# TARTELETTES AU BUTTERNUT,
## confit d'oignons et roquefort

*Des tartelettes aux belles saveurs automnales !*

**PRÉPARATION : 25 MIN**
**CUISSON : 50 MIN**

**POUR 6 TARTELETTES**

1 pâte feuilletée
1 butternut de 800 g environ
12 c. à café de confit d'oignons
100 g de roquefort
1 c. à café de thym
6 cerneaux de noix
2 c. à soupe d'huile d'olive
Sel et poivre

1 Préchauffez le four à 200 °C. Coupez en deux le butternut. Retirez-en les graines, puis la peau. Détaillez le butternut en dés moyens. Dans un saladier, mélangez les dés de butternut avec l'huile d'olive et le thym. Salez légèrement et poivrez.

2 Versez ce mélange sur une plaque allant au four recouverte de papier cuisson ou d'un tapis en silicone. Enfournez pour 25 min de cuisson. Les morceaux de butternut doivent être tendres, mais rester tout de même un peu fermes.

3 Descendez la température du four à 180 °C. Détaillez 6 disques de pâte de la dimension de vos moules à tartelettes dans la pâte feuilletée, à l'aide d'un emporte-pièce ou d'un bol retourné. Foncez-en les moules à tartelettes et piquez le fond à la fourchette.

4 Répartissez dans chaque tartelette 2 c. à café de confit d'oignon. Recouvrez avec des dés de butternut rôtis. Déposez des morceaux de roquefort, puis concassez 1 cerneau de noix dessus. Enfournez pour 25 min de cuisson.

*Le petit plus de Lolo*
*Remplacez le butternut par du potimarron et/ou le roquefort par du fromage de chèvre.*

# QUICHE AUX CAROTTES,
## chèvre frais et chorizo

*Un trio de saveurs original et savoureux !*

**PRÉPARATION : 25 MIN**
**CUISSON : 45 MIN**

**POUR 6 PERSONNES**

1 pâte brisée (voir p. 10)
3 à 4 carottes (environ 250 g)
150 g de chèvre frais
12 rondelles de chorizo
3 œufs
100 g de fromage blanc
10 g de pignons de pin
Sel et poivre

1 Détaillez en rondelles fines les carottes. Faites-les cuire à la vapeur pendant 10 min. Elles doivent rester fermes mais fondantes.

2 Coupez en 2 les rondelles de chorizo.

3 Préchauffez le four à 180 °C. Dans un cul-de-poule, fouettez les œufs avec le chèvre frais et le fromage blanc. Salez et poivrez.

4 Foncez un moule à tarte de 24 cm avec la pâte brisée. Piquez le fond avec une fourchette. Répartissez sur le fond de tarte les carottes, puis recouvrez avec le chorizo. Versez la migaine. Parsemez le dessus de pignons de pin. Enfournez pour 35 min de cuisson.

### Le petit plus de Lolo

*Si vous n'aimez pas le chèvre frais, remplacez-le par du fromage frais. Vous pouvez également réaliser cette quiche avec des patates douces. Il vous faudra alors détailler la patate douce en dés.*

# PISSALADIÈRE REVISITÉE
## *aux sardines et deux oignons*

*On revisite les grands classiques avec cette pissaladière aux sardines !*

**PRÉPARATION : 30 MIN**
**CUISSON : 1 H 15**

**POUR 6 PERSONNES**

1 pâte feuilletée carrée
2 boîtes de sardines à l'huile d'olive
500 g d'oignons blancs (ou jaunes)
500 g d'oignons rouges
40 g de tapenade verte
10 olives noires
3 c. à soupe d'huile d'olive
1 c. à soupe de thym

1 Épluchez et émincez finement les oignons. Faites-les revenir avec l'huile d'olive à feu vif pendant 5 min. Baissez le feu, couvrez et laissez cuire pendant 50 min en remuant régulièrement.

2 Égouttez 1 boîte de sardines et retirez les arêtes. Mixez-les avec la tapenade. Égouttez et retirez également les arêtes des sardines de la seconde boîte, puis réservez.

3 Préchauffez le four à 210 °C. Déposez la pâte feuilletée sur une plaque allant au four recouverte de papier cuisson ou d'un tapis en silicone. Piquez le fond avec une fourchette.

4 Étalez le mélange sardines-tapenade sur le fond de tarte. Recouvrez avec les oignons. Déposez dessus les filets de sardines réservés, puis les olives noires et parsemez de thym. Enfournez pour 20 min de cuisson.

***Le petit plus de Lolo***
*Remplacez la tapenade verte par de la tapenade noire.*

# TOURTE AUX ÉPINARDS, chorizo et ricotta

*Une belle tourte à la fois généreuse et légère !*

**PRÉPARATION : 30 MIN**
**CUISSON : 45 À 50 MIN**

**POUR 6 PERSONNES**

2 pâtes feuilletées
750 g d'épinards hachés surgelés
70 g de chorizo
250 g de ricotta
3 gousses d'ail
2 œufs
80 g de parmesan râpé
3 c. à soupe de pignons de pin
Sel et poivre

1 Hachez finement les gousses d'ail et coupez le chorizo en petits dés. Faites-les revenir ensemble dans une sauteuse pendant environ 3 min à feu moyen. Ajoutez les épinards et laissez cuire jusqu'à ce qu'il n'y ait plus d'eau dans la sauteuse.

2 Parallèlement, dans un cul-de-poule, fouettez les œufs avec la ricotta et le parmesan râpé.

3 Faites dorer les pignons de pin à sec dans une petite poêle. Lorsque le mélange épinards-ail est prêt, ajoutez-y les pignons de pin et assaisonnez. Versez ce mélange dans le cul-de-poule et mélangez bien.

4 Préchauffez le four à 180 °C. Foncez un moule à manqué à bord haut d'environ 22 à 24 cm de diamètre avec la pâte feuilletée et piquez le fond à la fourchette. Répartissez dans le fond le mélange à base d'épinards. Recouvrez avec la seconde pâte feuilletée en soudant bien l'ensemble. Piquez le centre avec la pointe d'un couteau afin de former un trou. Enfournez pour 35 à 40 min de cuisson.

***Le petit plus de Lolo***
*Vous pouvez remplacer les pâtes feuilletées par des pâtes brisées et même par de la pâte filo pour une version plus légère. Variez en remplaçant les épinards par des feuilles de blettes.*

# TARTE CRUMBLE À L'AUBERGINE,
## *pesto et chèvre frais*

*Du fondant et du croustillant pour une tarte bien estivale !*

**PRÉPARATION : 40 MIN**
**CUISSON : 35 MIN**

**POUR 6 PERSONNES**

**Pour la garniture :**
1 pâte brisée (voir p. 10)
600 g d'aubergines (environ 2 aubergines)
2 c. à soupe de pesto verde
200 g de chèvre frais
2 gousses d'ail
3 œufs
2 c. à soupe d'huile d'olive
Sel et poivre

**Pour le crumble :**
60 g de beurre
100 g de farine
40 g de parmesan râpé

1 Préparez la garniture. Épluchez et hachez finement les gousses d'ail. Coupez les aubergines en petits dés, puis faites-les revenir ensemble dans une sauteuse avec l'huile d'olive pendant 25 à 30 min à feu doux. Les aubergines doivent être fondantes.

2 Foncez un moule à tarte de 24 cm de diamètre avec la pâte brisée et piquez le fond avec une fourchette. Répartissez dessus le mélange d'ail et d'aubergines.

3 Dans un cul-de-poule, fouettez les œufs avec le chèvre frais. Ajoutez le pesto, salez et poivrez, puis répartissez cet appareil sur le fond de tarte.

4 Préchauffez le four à 180 °C. Préparez le crumble. Dans un bol, mélangez du bout des doigts le beurre mou avec la farine et le parmesan râpé, jusqu'à obtention de grosses miettes.

5 Répartissez ce crumble sur toute la surface de la tarte et enfournez pour 35 min de cuisson.

# QUICHE LORRAINE
## comme chez le boulanger

*Pour obtenir une belle quiche lorraine épaisse et gourmande !*

**PRÉPARATION : 20 MIN**
**CUISSON : 45 À 50 MIN**

**POUR 6 À 8 PERSONNES**

1 pâte brisée (voir p. 10)
250 g de lard fumé
6 œufs
40 cl de crème liquide entière
20 cl de lait entier
50 g d'emmental râpé
Noix de muscade
Poivre

1 Foncez un moule à manqué à bord haut d'environ 22 cm de diamètre avec la pâte brisée. Piquez le fond à la fourchette et réservez.

2 Détaillez le lard fumé en dés pas trop gros. Faites-les revenir à sec dans une poêle jusqu'à légère coloration. Égouttez-les bien et réservez.

3 Préchauffez le four à 180 °C. Dans un cul-de-poule, fouettez les œufs avec la crème liquide et le lait. Assaisonnez de poivre et de noix de muscade. Ajoutez l'emmental ainsi que les dés de lard fumé.

4 Versez cette migaine sur le fond de tarte et enfournez pour 40 à 45 min de cuisson.

**Le petit plus de Lolo**
*Inutile de saler, les lardons apportent le sel nécessaire.*
*Les puristes diront qu'une quiche lorraine se réalise sans fromage, mais je préfère en mettre un peu !*

# TATIN
## de poivrons

*Une tatin colorée, aussi jolie que délicieuse !*

**PRÉPARATION : 30 MIN**
**REPOS : 10 MIN**
**CUISSON : 40 MIN**

**POUR 6 PERSONNES**

1 pâte feuilletée (ou brisée)
4 poivrons de couleurs différentes
3 c. à soupe de tapenade verte ou noire
1 gousse d'ail
30 g de parmesan râpé

1 Préchauffez le four en position gril. Coupez en 2 les poivrons, épépinez-les et retirez les cloisons blanches. Aplatissez-les avec la main sur une plaque allant au four recouverte de papier cuisson. Enfournez pour 15 min de cuisson ou jusqu'à ce que la peau noircisse et se boursoufle. À la sortie du four, enfermez-les dans une feuille de papier d'aluminium et laissez-les reposer 10 min. Retirez délicatement la peau et coupez chaque moitié de poivron en deux.

2 Baissez la température du four à 180 °C. Chemisez un moule à manqué de 24 cm de diamètre avec un disque de papier cuisson ou utilisez un moule à manqué en silicone. Dans le fond, répartissez les poivrons en alternant les couleurs. On ne doit plus voir le fond du moule.

3 Étalez la tapenade sur les poivrons à l'aide d'une cuillère à soupe. Épluchez et hachez finement l'ail. Répartissez-le sur la tapenade.

4 Saupoudrez de parmesan râpé, puis recouvrez avec la pâte en prenant soin de bien faire rentrer les bords dans le moule. Piquez le dessus de la pâte en divers endroits avec une fourchette.

5 Enfournez pour 25 min de cuisson. Démoulez délicatement la tatin sur un plat de service.

*Le petit plus de Lolo*
*Vous pouvez parsemer la Tatin, une fois démoulée, de quelques pignons de pin torréfiés. Vous pouvez également remplacer le parmesan par un peu de chèvre frais émietté ou de feta et la tapenade par du pesto !*

# TARTE AU POTIMARRON,
## *noisettes et bleu d'Auvergne*

*Un trio de saveurs gagnant, pour une jolie tarte qui titille les papilles !*

**PRÉPARATION : 20 MIN**
**CUISSON : 50 MIN**

**POUR 6 PERSONNES**

1 pâte feuilletée (ou brisée)
1 potimarron de 500 g environ
20 g de noisettes entières
150 g de bleu d'Auvergne
2 gousses d'ail
1 c. à café de thym
1 petit oignon rouge
100 g de bacon
2 c. à soupe d'huile d'olive

1 Préchauffez le four à 180 °C. Épluchez et hachez finement l'ail.

2 Épépinez, épluchez et détaillez en lamelles d'environ 0,5 cm d'épaisseur le potimarron. Déposez-les sur une plaque allant au four recouverte de papier cuisson ou d'un tapis en silicone. Arrosez d'huile d'olive, puis parsemez d'ail et de thym. Enfournez pour 25 min de cuisson. Le potimarron doit être tendre.

3 Foncez un moule à tarte de 24 cm de diamètre avec la pâte feuilletée (ou brisée) et piquez le fond à la fourchette.

4 Épluchez et émincez finement l'oignon rouge. Répartissez-le sur le fond de tarte avec le potimarron. Recouvrez avec le bacon préalablement détaillé en dés ainsi que des morceaux de bleu d'Auvergne. Parsemez de noisettes concassées. Enfournez pour 25 min de cuisson.

***Le petit plus de Lolo***
*Le bleu d'Auvergne pourra être remplacé par du bleu des Causses ou du roquefort, et les noisettes pourront être remplacées par des noix.*

# QUICHE AU BROCOLI, saumon et parmesan

*Une quiche équilibrée dans laquelle brocolis et saumon vous régaleront à coup sûr !*

**PRÉPARATION : 30 MIN**
**CUISSON : 55 MIN**

**POUR 6 PERSONNES**

1 pâte brisée (voir p. 10)
300 g de fleurettes de brocolis
250 g de pavés de saumon sans peau désarêté
100 g de parmesan râpé
4 œufs
40 cl de crème liquide
2 c. à café de moutarde douce
Quelques brins d'aneth

1 Faites précuire les fleurettes de brocolis 10 min à la vapeur. Égouttez-les et réservez.

2 Foncez un moule à manqué d'environ 22 cm de diamètre avec la pâte brisée. Piquez le fond avec une fourchette.

3 Détaillez le saumon en dés pas trop gros. Déposez sur le fond de tarte les brocolis, puis le saumon.

4 Préchauffez le four à 180 °C. Dans un cul-de-poule, fouettez les œufs avec la crème liquide, la moutarde, le parmesan râpé et l'aneth préalablement ciselé. Versez cette migaine sur le fond de tarte. Enfournez pour 45 min de cuisson.

*Le petit plus de Lolo*
*Vous pouvez remplacer le saumon frais par 200 g de saumon fumé.*

# TATINS AUX POMMES

## *et au magret de canard fumé*

*Les amateurs de sucré-salé seront surpris par ces Tatins !*

**PRÉPARATION : 30 MIN**
**CUISSON : 25 À 30 MIN**

**POUR 4 PERSONNES**

1 pâte feuilletée
2 pommes
32 tranches de magret de canard fumé
20 g de beurre
1 oignon
2 c. à soupe de miel
½ c. à café de thym
Huile d'olive (pour les moules)
Sel et poivre

1 Épluchez et coupez les pommes en fines lamelles. Épluchez et émincez finement l'oignon. Dans une poêle, faites fondre le beurre et ajoutez-y l'oignon émincé. Laissez cuire 2 min, puis ajoutez les pommes. Arrosez de miel, parsemez de thym et laissez cuire 2 min à feu moyen. Salez et poivrez.

2 Préchauffez le four à 180 °C. Détaillez 4 disques de pâte de la taille de vos moules à tartelettes dans la pâte feuilletée. Huilez le fond des moules avec un peu d'huile d'olive.

3 Dans le fond de chaque moule, réalisez une rosace en alternant les tranches de pommes et de magret de canard. On comptera 8 tranches de magret de canard par tatin.

4 Recouvrez avec la pâte feuilletée. Piquez le dessus avec une fourchette en divers endroits. Enfournez pour 20 à 25 min de cuisson.

***Le petit plus de Lolo***
*Déposez, avant de servir, un peu de confit d'oignons et quelques feuilles de roquette sur le dessus.*

# MINI-QUICHES ALLÉGÉES
## *aux poivrons et aux olives noires*

*Les mini-quiches, un succès toujours assuré quand sonne l'heure de l'apéritif !*

**PRÉPARATION : 20 MIN**
**REPOS : 10 MIN**
**CUISSON : 40 MIN**

**POUR 24 TARTELETTES**

1 pâte brisée (voir p. 10)
2 poivrons de couleurs différentes
10 olives noires
1 œuf
10 cl de crème liquide allégée
5 feuilles de basilic
Sel et poivre

1 Préchauffez le four en position gril. Épépinez et retirez les cloisons blanches des poivrons. Aplatissez-les avec la main sur une plaque allant au four, recouverte de papier cuisson ou d'un tapis en silicone. Enfournez pour 15 min de cuisson sous le gril, la peau des poivrons doit noircir et se boursoufler. Enfermez-les dans une feuille de papier d'aluminium et laissez reposer 10 min.

2 Préchauffez le four à 180 °C. Pendant ce temps, dans un cul-de-poule, fouettez l'œuf avec la crème liquide. Salez et poivrez. Ciselez le basilic et ajoutez-le à la préparation.

3 Coupez les olives noires en rondelles. Retirez la peau des poivrons et détaillez-les en petits dés.

4 Détaillez des disques de pâte à l'aide d'un emporte-pièce et foncez-en des moules à tartelettes ou à mini-muffins.

5 Répartissez quelques dés de poivrons sur les fonds de tarte. Versez 1 c. à café d'appareil à base d'œuf et de crème. Déposez sur chaque quiche des olives noires. Enfournez pour 25 min de cuisson. Servez les quiches tièdes ou chaudes.

***Le petit plus de Lolo***
*Privilégiez des poivrons rouges et jaunes, plus sucrés et plus doux que les verts.*

# TARTE FINE
## aux poireaux et aux Saint-Jacques

*Une entrée raffinée et légère qui fera fureur !*

**PRÉPARATION : 30 MIN**
**CUISSON : 40 MIN**

**POUR 6 PERSONNES**

1 pâte feuilletée
5 poireaux
6 noix de saint-jacques
40 g de beurre
200 g de crème fraîche
20 g de parmesan râpé
Sel et poivre

1 Préchauffez le four à 190° C. Émincez les poireaux finement.

2 Dans une sauteuse, faites fondre 20 g de beurre. Jetez-y les poireaux et mélangez bien. Laissez-les fondre à feu doux, à moitié couverts, en mélangeant régulièrement pendant 20 min environ. Ils doivent être fondants.

3 Ajoutez la crème fraîche ainsi que le parmesan râpé, du sel et du poivre, puis mélangez intimement.

4 Déposez la pâte feuilletée entre 2 plaques à pâtisserie. Enfournez pour 20 min de cuisson.

5 Déposez le disque de pâte feuilletée cuit sur un plat de service. Répartissez dessus la fondue de poireaux.

6 Coupez les noix de saint-jacques en deux. Faites-les saisir quelques secondes de chaque côté dans les 20 g de beurre restants. Déposez-les joliment sur le fond de tarte et servez aussitôt.

**Le petit plus de Lolo**
*Vous pouvez également, avec la même recette, réaliser des tartelettes individuelles !*

# TARTE AUX RAVIOLES
## *et à la mozzarella*

*Gourmande et originale,*
*cette tarte aux ravioles vous surprendra !*

**PRÉPARATION : 25 MIN**
**CUISSON : 25 MIN**

**POUR 6 PERSONNES**

1 pâte feuilletée
4 plaques de ravioles de Romans
125 g de mozzarella
2 c. à soupe de moutarde au miel semi-forte
1 œuf
100 g de fromage blanc
6 tranches de bacon
Sel et poivre

1 Faites cuire les ravioles selon les indications du paquet. Égouttez-les le plus possible et réservez.

2 Foncez un moule à tarte de 20 cm de diamètre avec la pâte feuilletée. Avec un pinceau alimentaire, tartinez le fond de moutarde au miel. Répartissez dessus les tranches de bacon, puis les ravioles égouttées.

3 Préchauffez le four à 180 °C. Dans un cul-de-poule, fouettez l'œuf avec le fromage blanc. Salez et poivrez. Versez cet appareil sur le fond de tarte (il est normal que l'appareil ne recouvre pas toute la tarte).

4 Détaillez la mozzarella en rondelles et disposez-les sur les ravioles. Rabattez les bords de la tarte de façon à former un gros bord. Enfournez pour 25 min de cuisson.

*Le petit plus de Lolo*
*La moutarde n'est pas obligatoire mais apporte une jolie saveur. Vous pouvez réaliser également cette tarte avec une pâte brisée.*

# QUICHE
## au butternut et au chorizo

*Une savoureuse quiche aux notes automnales !*

**PRÉPARATION : 25 MIN**
**CUISSON : 45 MIN**

**POUR 6 PERSONNES**

1 pâte brisée (voir p. 10)
½ butternut (350 g poids épluché)
12 rondelles de chorizo
4 œufs
25 cl de crème liquide
50 g de parmesan râpé
4 brins de ciboulette
Sel et poivre

1 Évidez et coupez le butternut en lamelles de 0,5 cm d'épaisseur. Retirez la peau et faites-les cuire à la vapeur pendant 10 min. La pointe d'un couteau doit s'y enfoncer facilement. Coupez en morceaux les rondelles de chorizo.

2 Dans un cul-de-poule, fouettez les œufs avec la crème liquide, le parmesan râpé et la ciboulette ciselée. Salez et poivrez.

3 Préchauffez le four à 180 °C. Foncez un moule à manqué de 22 cm de diamètre avec la pâte brisée. Piquez le fond avec une fourchette.

4 Répartissez le butternut sur le fond de tarte, puis recouvrez avec le chorizo. Versez la migaine. Enfournez pour 35 min de cuisson.

*Le petit plus de Lolo*
*Vous pouvez également utiliser 100 g de chorizo entier. Il vous faudra préalablement le peler et le détailler en petits dés.*

# TARTELETTES EXPRESS
## au thon et aux tomates

*Croustillantes et si rapides, des tartelettes idéales pour un repas vite fait, bien fait !*

**PRÉPARATION : 20 MIN**
**CUISSON : 25 MIN**

**POUR 6 PERSONNES**

6 feuilles de pâte filo
1 boîte de thon de 110 g
2 petites tomates
1 œuf
20 cl de crème liquide
1 c. à café de moutarde
6 brins de ciboulette
6 c. à café de parmesan râpé
30 g de beurre
Sel et poivre

1 Préchauffez le four à 180 °C. Faites fondre le beurre. Coupez une feuille de pâte filo en 4 morceaux et badigeonnez chaque morceau avec un peu de beurre fondu, puis superposez-les. Foncez l'empilage obtenu dans des moules à tartelettes. Renouvelez l'opération avec les autres feuilles de pâte filo afin d'obtenir 6 fonds de tarte. Détaillez les tomates en rondelles.

2 Dans un cul-de-poule, fouettez l'œuf avec la crème liquide et la moutarde, puis salez et poivrez. Ciselez finement la ciboulette et ajoutez-la dans l'appareil.

3 Saupoudrez les fonds de tarte de parmesan râpé. Répartissez les rondelles de tomates, puis émiettez le thon dessus. Versez l'appareil par-dessus. Enfournez pour 25 min de cuisson.

*Le petit plus de Lolo*
*Vous pouvez réutiliser cette base de pâte filo pour réaliser des tartelettes sucrées.*

# QUICHE
## toute verte

*On se met au vert avec cette quiche printanière !*

**PRÉPARATION : 30 MIN**
**CUISSON : 48 MIN**

**POUR 6 PERSONNES**

1 pâte brisée (voir p. 10)
12 asperges vertes
200 g de petits pois frais
6 œufs
200 g de fromage frais
20 cl de crème liquide
2 brins de menthe
100 g de feta
Sel et poivre

1 Préchauffez le four à 180 °C. Foncez la pâte brisée dans un moule à manqué à bord haut de 22 à 24 cm de diamètre et piquez le fond avec une fourchette.

2 Retirez la base des asperges et épluchez la tige. Faites-les cuire avec les petits pois 8 min dans de l'eau bouillante salée. Égouttez et réservez.

3 Dans un bol, fouettez vivement les œufs avec le fromage frais. Ajoutez la crème liquide et, tout en fouettant, salez, poivrez et ajoutez la menthe ciselée.

4 Répartissez les petits pois et les asperges sur le fond de tarte. Versez l'appareil précédent dessus. Détaillez la feta en dés et ajoutez-les sur la tarte. Enfournez pour 40 min de cuisson.

**EN TOUTE SAISON**

Hors saison, privilégiez des petits pois surgelés.

# TARTE AUX POIRES, lardons et chèvre

*Parce que les poires se cuisinent aussi en version salée !*

**PRÉPARATION : 25 MIN**
**CUISSON : 30 MIN**

**POUR 6 PERSONNES**

1 pâte brisée (voir p. 10)
2 poires pas trop mûres
150 g de lardons
150 g de bûche de chèvre
3 œufs
300 g de crème fraîche allégée (ou entière)
1 c. à café de thym
1 poignée de noisettes entières
Poivre

1 Pelez, épépinez et détaillez les poires en lamelles. Faites revenir les lardons à sec dans une poêle, égouttez-les et réservez.

2 Foncez un moule à tarte avec la pâte brisée et piquez le fond avec une fourchette. Répartissez dessus les poires ainsi que les lardons.

3 Préchauffez le four à 180 °C. Dans un cul-de-poule, fouettez les œufs avec la crème fraîche, le thym et un peu de poivre (inutile de saler, les lardons s'en occupent). Répartissez ce mélange sur le fond de tarte.

4 Détaillez la bûche de chèvre en rondelles et disposez-les sur le dessus de la tarte.

5 Parsemez de noisettes entières, grossièrement concassées. Enfournez pour 30 min de cuisson.

*Le petit plus de Lolo*
*Remplacez le fromage de chèvre par du roquefort pour varier les saveurs.*

# TARTE
## *façon bolognaise*

*Une tarte qui plaira à toute la famille !*

**PRÉPARATION : 30 MIN**
**CUISSON : 1 H 10**

**POUR 6 PERSONNES**

1 pâte brisée (voir p. 10)
300 g de viande de bœuf hachée
25 cl de sauce tomate
1 oignon
2 gousses d'ail
1 carotte
1 c. à café d'origan
2 œufs
10 cl de lait
100 g d'emmental râpé
3 c. à soupe d'huile d'olive
Sel et poivre

1 Épluchez et hachez finement l'oignon et l'ail. Épluchez et détaillez la carotte en petits dés.

2 Dans une sauteuse, faites chauffer l'huile d'olive et faites-y revenir l'ail et l'oignon ensemble pendant 3 min.

3 Ajoutez la carotte et un fond d'eau et laissez cuire le tout pendant 10 min. Une fois l'eau évaporée, ajoutez la viande hachée et saisissez-la. Versez la sauce tomate et l'origan. Laissez mijoter 15 min, la préparation ne doit pas être liquide.

4 Préchauffez le four à 180 °C. Battez les œufs avec le lait et 80 g d'emmental râpé, puis salez et poivrez.

5 Foncez un moule à tarte de 24 cm de diamètre avec la pâte brisée. Piquez le fond avec une fourchette.

6 Répartissez dessus la préparation à base de viande hachée. Versez le mélange œufs-lait. Parsemez la tarte de l'emmental restant. Enfournez pour 35 min de cuisson.

*Le petit plus de Lolo*
*Pour une version plus gourmande, ajoutez une boule de mozzarella coupée en rondelles et déposez-les sur la tarte avant d'enfourner.*

# QUICHE AUX POMMES DE TERRE, lardons et comté

*Rien de tel que cette quiche pour affronter les soirées hivernales !*

**PRÉPARATION : 35 MIN**
**CUISSON : 1 H 15**

**POUR 6 PERSONNES**

1 pâte brisée (voir p. 10)
350 g de pommes de terre
150 g de lardons
150 g de comté râpé
2 gousses d'ail
3 œufs
300 g de crème fraîche
2 c. à soupe d'huile d'olive
Poivre

1 Coupez les pommes de terre en dés. Dans une sauteuse, faites-les revenir à feu moyen avec l'huile d'olive pendant 15 min en remuant régulièrement.

2 Épluchez et hachez finement les gousses d'ail. Ajoutez-les aux pommes de terre et poursuivez la cuisson 10 min.

3 Faites revenir à sec les lardons dans une poêle, jusqu'à légère coloration. Égouttez-les pour retirer l'excédent de gras et ajoutez-les au mélange pommes de terre-ail. Réservez le tout.

4 Préchauffez le four à 180° C. Foncez un moule à manqué de 20 à 22 cm de diamètre avec la pâte brisée et piquez le fond avec une fourchette.

5 Répartissez sur le fond de tarte le mélange pommes de terre-ail-lardons.

6 Dans un cul-de-poule, fouettez les œufs avec la crème et le comté. Poivrez, mais inutile de saler. Versez cette migaine sur le fond de tarte en répartissant bien. Enfournez pour 45 min de cuisson.

*Le petit plus de Lolo*
*Pour une version plus légère, vous pouvez remplacer les lardons par des dés de bacon.*

# TARTELETTES FINES
## *aux tomates cerises et au pesto*

*Un grand classique de l'été dont on ne se lasse pas !*

**PRÉPARATION : 15 MIN**
**CUISSON : 25 MIN**

**POUR 4 TARTELETTES**

1 pâte feuilletée
250 g de tomates cerises de couleurs différentes
4 c. à café de pesto verde
10 g de pignons de pin
20 g de copeaux de parmesan
4 feuilles de basilic

1 Préchauffez le four à 180 °C. Détaillez 4 disques dans la pâte feuilletée à l'aide d'un emporte-pièce (vous pouvez aussi utiliser un bol retourné). Répartissez sur chaque disque 1 c. à café de pesto verde.

2 Coupez les tomates cerises en deux. Disposez-les sur le pesto, face coupée vers le haut. Parsemez de pignons de pin.

3 Enfournez pour 25 min de cuisson. À la sortie du four, parsemez les tartelettes de copeaux de parmesan. Terminez par 1 feuille de basilic.

*Le petit plus de Lolo*
*Si vous n'avez pas de pesto, optez pour de la tapenade ou du fromage frais.*

# QUICHE AU POULET,
## *carottes et curry*

*Une quiche équilibrée et bonne mine assurée !*

**PRÉPARATION : 30 MIN**
**CUISSON : 1 H**

**POUR 6 À 8 PERSONNES**

1 pâte brisée (voir p. 10)
250 g d'escalopes de poulet
3 carottes, soit 100 g environ
1 c. à café de curry
1 oignon
5 œufs
33 cl de crème liquide
10 cl de lait
6 brins de coriandre
2 c. à soupe d'huile d'olive
Sel et poivre

1 Foncez un moule à manqué à bord haut d'environ 22 cm de diamètre avec la pâte brisée. Piquez le fond à la fourchette et réservez.

2 Épluchez et émincez finement l'oignon. Détaillez les escalopes de poulet en dés pas trop gros. Râpez finement les carottes.

3 Dans une grande poêle, faites revenir l'oignon dans l'huile d'olive pendant 3 min à feu moyen. Ajoutez le poulet et laissez cuire jusqu'à légère coloration. Versez les carottes râpées, mélangez bien et poursuivez la cuisson pendant 10 min.

4 Préchauffez le four à 180 °C. Dans un cul-de-poule, fouettez les œufs avec la crème liquide et le lait. Assaisonnez de sel et de poivre, puis ajoutez le curry ainsi que la coriandre préalablement ciselée.

5 Répartissez la préparation à base de poulet et de carottes sur le fond de tarte. Versez la migaine dessus. Enfournez pour environ 40 min de cuisson. Dégustez la tarte chaude ou tiède.

***Le petit plus de Lolo***
*Vous pouvez y ajouter, si vous aimez ça, quelques raisins secs !*

# TATIN DE POMMES DE TERRE
## au lard

*La tatin parfaite après une bonne journée de ski !*

**PRÉPARATION : 30 MIN**
**CUISSON : 35 MIN**

**POUR 6 PERSONNES**

1 pâte brisée (voir p. 10)
500 g de pommes de terre
7 tranches de lard fines
1 oignon
50 g d'emmental râpé
2 œufs
20 cl de crème liquide
6 brins de ciboulette
Noix de muscade

1 Épluchez les pommes de terre. Faites-les cuire à la vapeur pendant 15 à 20 min. Elles doivent rester un peu fermes. Détaillez-les en rondelles pas trop épaisses et réservez. Épluchez et hachez finement l'oignon.

2 Préchauffez le four à 180 °C. Déposez les tranches de lard dans le fond d'un moule à manqué en silicone de 24 cm de diamètre. Recouvrez avec les pommes de terre, puis avec l'oignon et l'emmental.

3 Fouettez les œufs avec la crème liquide, la ciboulette préalablement ciselée et la noix de muscade. Versez ce mélange dans le moule.

4 Recouvrez avec la pâte brisée en prenant soin de bien faire rentrer les bords dans le moule. Piquez le dessus de la pâte en divers endroits avec une fourchette.

5 Enfournez pour 35 min de cuisson. Laissez reposer 10 min avant de démouler et servez.

*Le petit plus de Lolo*
*Pour réaliser cette tatin, privilégiez une pomme de terre type agata ou monalisa. Et pour une version bien gourmande, glissez-y quelques tranches de fromage à raclette.*

# TARTE LÉGÈRE
## *aux courgettes et à la burrata*

*Avec cette belle burrata crémeuse, une tarte saine et légère qui a tout pour plaire !*

**PRÉPARATION : 20 MIN**
**CUISSON : 35 MIN**

**POUR 6 PERSONNES**

1 pâte brisée au fromage blanc (voir p. 10)
500 g de courgettes
1 boule de burrata
2 œufs
250 g de ricotta
5 cl de lait demi-écrémé ou écrémé
10 feuilles de basilic
Sel et poivre

1 Détaillez les courgettes en rondelles fines à l'aide d'une mandoline. Faites-les cuire à la vapeur pendant 10 min (à défaut, plongez-les dans une casserole d'eau bouillante pendant 10 min). Égouttez-les bien et réservez.

2 Chemisez un plat à tarte de 24 cm de diamètre environ avec la pâte brisée et piquez le fond à la fourchette.

3 Préchauffez le four à 180 °C. Dans un cul-de-poule, fouettez les œufs avec la ricotta et le lait. Salez et poivrez. Ciselez finement 5 feuilles de basilic et ajoutez-les dans l'appareil précédent.

4 Répartissez les courgettes sur le fond de tarte, puis recouvrez avec l'appareil à base de ricotta. Enfournez pour 25 min de cuisson.

5 Détaillez la burrata en rondelles et ciselez les 5 dernières feuilles de basilic.

6 Laissez tiédir la tarte avant de déposer dessus la burrata et le basilic ciselé. Servez tiède ou froid.

*Le petit plus de Lolo*
*Cette tarte pourra également se réaliser sans pâte.*

# QUICHE AUX POIREAUX,
## saumon et lait de coco

*Une quiche complète aux douces saveurs !*

**PRÉPARATION : 25 MIN**
**CUISSON : 51 MIN**

**POUR 6 PERSONNES**

1 pâte brisée (voir p. 10)
4 poireaux
150 g de saumon fumé
40 cl de lait de coco
2 gousses d'ail
4 œufs
1 c. à café de curry
3 brins de coriandre
2 c. à soupe d'huile d'olive
Sel et poivre

1 Émincez finement les poireaux. Épluchez et hachez finement l'ail. Dans une sauteuse, faites-le revenir dans l'huile d'olive pendant 1 min. Ajoutez les poireaux émincés et laissez cuire le tout pendant 20 min en mélangeant régulièrement. Si les poireaux accrochent un peu, ajoutez un fond d'eau dans la sauteuse et poursuivez la cuisson.

2 Détaillez le saumon fumé en lanières. Préchauffez le four à 180 °C. Dans un cul-de-poule, fouettez les œufs avec le lait de coco et le curry. Salez et poivrez.

3 Foncez un moule à manqué de 22 cm de diamètre avec la pâte brisée et piquez le fond à la fourchette.

4 Répartissez les poireaux sur le fond de tarte, puis recouvrez avec le saumon fumé. Versez la migaine. Enfournez pour 30 min de cuisson. Avant de servir, parsemez la tarte de coriandre ciselée.

*Le petit plus de Lolo*
*Vous pouvez réaliser cette quiche avec 200 g de saumon frais.*

# TARTE À LA PATATE DOUCE
## *et aux oignons rouges*

*Un bel accord que celui des patates douces et des oignons rouges !*

**PRÉPARATION : 30 MIN**
**CUISSON : 50 MIN**

**POUR 6 PERSONNES**

1 pâte brisée (voir p. 10)
2 patates douces pas trop grosses
2 oignons rouges
1 gousse d'ail
1 c. à soupe de thym
2 c. à soupe de moutarde
100 g de chèvre frais
2 c. à soupe d'huile d'olive

1 Préchauffez le four à 180 °C. Épluchez les patates douces. Détaillez-les en dés grossiers et disposez-les dans un saladier.

2 Épluchez et hachez finement la gousse d'ail. Ajoutez-la avec le thym et l'huile d'olive dans le saladier et mélangez intimement. Versez ce mélange sur une plaque allant au four recouverte de papier cuisson ou d'un tapis en silicone.

3 Enfournez pour 25 min de cuisson. Prolongez la cuisson si nécessaire, les dés de patates douces doivent être bien tendres. Disposez-les dans un saladier et écrasez-les grossièrement à la fourchette. Épluchez les oignons rouges et détaillez-les en rondelles fines.

4 Foncez un moule à tarte avec la pâte brisée et piquez le fond avec une fourchette. Badigeonnez de moutarde à l'aide d'un pinceau. Recouvrez avec la purée de patates douces. Déposez joliment les rondelles d'oignons rouges.

5 Enfournez pour 25 min de cuisson. À la sortie du four, émiettez dessus un peu de chèvre frais et servez.

*Le petit plus de Lolo*
*Vous pouvez aussi réaliser cette tarte avec du butternut ou du potimarron !*

# FLAMMEKUECHE LÉGÈRE
## *au saumon fumé*

*Une déclinaison de flammekueche pour changer de la traditionnelle version aux lardons !*

**PRÉPARATION : 20 MIN**
**CUISSON : 20 MIN**

**POUR 4 PERSONNES**

1 pâte à pizza (ou 1 pâte brisée)
200 g de saumon fumé
300 g de fromage blanc
2 petits oignons rouges
1 c. à thé de baies roses
6 brins de ciboulette

1 Préchauffez le four à 200 °C. Étalez la pâte à pizza sur une plaque allant au four recouverte de papier cuisson ou d'un tapis en silicone. Répartissez le fromage blanc sur le fond de pâte. Déposez dessus le saumon fumé, de façon à recouvrir toute la tarte.

2 Épluchez et ciselez finement les oignons rouges. Répartissez-les sur le saumon avec les baies roses.

3 Enfournez pour 20 min de cuisson. À la sortie du four, parsemez la tarte de ciboulette ciselée. Servez chaud.

*Le petit plus de Lolo*
*Avant de servir, déposer dessus quelques feuilles de roquette.*

# TATINS AUX OIGNONS ROUGES
## *et au sirop d'érable*

*Fondantes et caramélisées, ces tatins régaleront les amateurs de saveurs sucrées et salées !*

**PRÉPARATION : 25 MIN**
**CUISSON : 40 À 45 MIN**

**POUR 4 TARTELETTES**

1 pâte brisée (voir p. 10)
500 g de petits oignons rouges
3 c. à soupe de sirop d'érable
30 g de beurre + un peu pour les moules
1 c. à café de thym
Sel et poivre

1 Épluchez les oignons rouges. Détaillez-les en tronçons de 1 à 2 cm. Réservez.

2 Dans une poêle, faites fondre le beurre. Déposez-y les oignons et faites-les revenir pendant 15 min à feu moyen en les retournant délicatement de temps en temps.

3 Ajoutez le sirop d'érable, le thym, salez et poivrez, et laissez les oignons caraméliser pendant 5 min.

4 Préchauffez le four à 200 °C. Beurrez les moules à tartelettes si ces derniers ne sont pas en silicone. Détaillez 4 disques de pâte de la taille de vos moules à tartelettes dans la pâte brisée. Répartissez les oignons dans les empreintes à tartelettes. Recouvrez avec le disque de pâte brisée en prenant soin de bien faire rentrer les bords dans le moule. Piquez le dessus à divers endroits avec une fourchette.

5 Enfournez pour 20 à 25 min de cuisson. Laissez reposer les tartelettes 5 min avant de les démouler et servez.

*Le petit plus de Lolo*
*Vous pouvez parsemer le dessus d'un peu de chèvre frais ou de feta.*

# Les RECETTES sucrées

# TARTELETTES

## *aux pommes et au mascarpone*

*Des tartelettes gourmandes pleines de fondant !*

**PRÉPARATION : 25 MIN**
**CUISSON : 35 MIN**
**RÉFRIGÉRATION : 2 H**

**POUR 6 TARTELETTES**

1 pâte sablée (voir p. 11)
3 petites pommes
250 g de mascarpone
2 gros œufs
100 g de sucre blond de canne
½ gousse de vanille
20 cl de crème liquide entière

1 Préchauffez le four à 180 °C. Foncez 6 moules à tartelettes avec la pâte sablée et piquez le fond avec une fourchette.

2 Détaillez 6 disques de papier cuisson de la taille des moules à tartelettes et déposez-les dans le fond. Recouvrez de billes en céramique ou de haricots blancs et faites cuire à blanc pendant 10 min.

3 Dans un cul-de-poule, fouettez les œufs avec le sucre. Ajoutez le mascarpone et mélangez-bien. Prélevez les graines de la gousse de vanille et ajoutez-les dans la préparation. Versez enfin la crème liquide et mélangez une dernière fois.

4 Pelez, épépinez et détaillez les pommes en lamelles. Répartissez-les sur les fonds de tarte précuits. Versez l'appareil au mascarpone par-dessus.

5 Enfournez pour 25 min de cuisson, les tartelettes ne doivent plus être tremblotantes. Laissez refroidir, puis entreposez au frais 2 h au minimum.

*Le petit plus de Lolo*
*Vous pouvez saupoudrer les tartelettes d'un peu de cannelle avant de servir.*

# TARTE AUX FRAMBOISES
## et à la crème pâtissière

*Un grand classique indémodable !*

**PRÉPARATION : 40 MIN**
**CUISSON : 30 MIN**

**POUR 6 À 8 PERSONNES**

1 pâte sablée (ou sucrée) (voir p. 11)
375 g de framboises fraîches
60 cl de lait
1 gousse de vanille
5 jaunes d'œufs
2 sachets de sucre vanillé
70 g de sucre blond de canne
60 g de fécule de maïs
Quelques feuilles de menthe (facultatif)

1 Faites bouillir le lait avec les graines de la gousse de vanille et la gousse.

2 Parallèlement, dans un saladier, fouettez les jaunes d'œufs avec les sucres. Incorporez la fécule de maïs.

3 Une fois le lait bouillant, retirez la gousse de vanille. Versez le lait dans le mélange précédent, tout en fouettant. La crème va épaissir très vite. Filmez au contact et laissez complètement refroidir.

4 Préchauffez le four à 170 °C. Foncez un cercle à tarte de 26 à 28 cm de diamètre avec la pâte sablée. Détaillez un disque à la dimension du cercle dans une feuille de papier cuisson. Déposez ce dernier sur le fond de tarte, puis placez des billes en céramique dessus. Enfournez pour 25 min de cuisson. Le fond de tarte doit être joliment doré (vous pouvez passer une petite râpe sur les bords afin d'égaliser ces derniers).

5 Une fois la crème pâtissière refroidie, mélangez-la à nouveau pour la détendre. Répartissez-la sur le fond de tarte.

6 Déposez joliment les framboises fraîches et décorez avec quelques feuilles de menthe, si vous le souhaitez. Réservez au frais et sortez la tarte 15 min avant de la déguster.

*Le petit plus de Lolo*
*Vous pouvez réaliser cette tarte avec des fraises, des mûres ou des myrtilles !*

# TARTE AMANDINE
## *aux poires et au chocolat*

*La tarte dont on ne se lasse pas !*

**PRÉPARATION : 25 MIN**
**CUISSON : 25 À 30 MIN**

**POUR 6 PERSONNES**

1 pâte sucrée (ou sablée) (voir p. 11)
3 poires
100 g de pépites de chocolat
2 œufs
90 g de sucre blond de canne
1 sachet de sucre vanillé
100 g de poudre d'amandes
1 filet d'extrait de vanille liquide
20 cl de crème liquide
Amandes effilées

1 Foncez le moule à tarte avec la pâte sucrée et piquez le fond avec une fourchette. Réservez.

2 Préchauffez le four à 200 °C. Dans un cul-de-poule, fouettez les œufs avec les sucres. Ajoutez la poudre d'amandes et l'extrait de vanille liquide et mélangez. Versez enfin petit à petit la crème liquide.

3 Pelez, épépinez et détaillez les poires en lamelles pas trop fines. Disposez-les sur le fond de tarte.

4 Parsemez les poires de pépites de chocolat. Recouvrez avec l'appareil. Saupoudrez de quelques amandes effilées. Enfournez pour 25 à 30 min de cuisson.

*Le petit plus de Lolo*
*Dégustez cette tarte tiède ou à température ambiante accompagnée d'une boule de glace au yaourt ou à la vanille. Variez les plaisirs en la réalisant avec des pommes.*

# TARTELETTES
## *au citron et aux spéculoos*

*Une belle alliance pour des tartelettes bien trop chouettes !*

**PRÉPARATION : 30 MIN**
**CUISSON : 20 MIN**
**RÉFRIGÉRATION : 3 H**

**POUR 6 PERSONNES**

**Pour la base :**
200 g de spéculoos
85 g de beurre

**Pour la crème au citron :**
3 œufs
100 g de sucre blond de canne
5 g de fécule de maïs
Le zeste de 1 citron
140 ml de jus de citron
10 cl de crème liquide entière

1 Préparez la base. Déposez les spéculoos dans un sac congélation. Tapez dessus avec un rouleau à pâtisserie afin de les réduire en poudre.

2 Faites fondre le beurre et mélangez-le avec la poudre de spéculoos. Placez ce mélange dans 6 moules à tartelettes en tassant bien avec le dos d'une cuillère et en faisant bien remonter sur les bords. Entreposez au frais.

3 Préchauffez le four à 180 °C. Préparez la crème au citron. Dans un saladier, fouettez les œufs avec le sucre. Incorporez la fécule de maïs. Ajoutez le zeste et le jus de citron, puis versez la crème liquide. Répartissez ce mélange sur la base de spéculoos.

4 Enfournez pour environ 20 min de cuisson. Laissez refroidir avant d'entreposer au frais au minimum 3 h.

***Le petit plus de Lolo***
*N'hésitez pas à surmonter ces tartelettes d'une chantilly à la vanille !*

# TARTE AUX CERISES
## *amarena et à la pistache*

*Cerises et pistache, une délicieuse alliance pour une tarte qui vaut le détour !*

**PRÉPARATION : 25 MIN**
**CUISSON : 30 MIN**

**POUR 6 PERSONNES**

1 pâte sucrée (voir p. 11)
200 g de cerises amarena
40 g de pâte de pistache
50 g de beurre
50 g de sucre glace
2 œufs
80 g de poudre d'amandes
10 cl de crème liquide

1 Foncez un cercle à pâtisserie de 24 cm de diamètre avec la pâte sucrée. Réservez au frais.

2 Dans un cul-de-poule, crémez le beurre mou avec le sucre glace à l'aide d'une spatule. Ajoutez les œufs un par un en mélangeant au fouet entre chaque ajout.

3 Incorporez la pâte de pistache ainsi que la poudre d'amandes. Versez enfin la crème liquide et mélangez une dernière fois.

4 Préchauffez le four à 180 °C. Répartissez les cerises amarena préalablement égouttées sur le fond de tarte. Versez la préparation précédente dessus. Enfournez pour 30 min de cuisson.

**EN TOUTE SAISON**

Vous pourrez réaliser cette tarte avec des cerises fraîches lorsque la saison sera venue !

AMARENA
GRIOTTES AU SIROP

# TARTE
## au chocolat

*Une tarte chocolatée qui mettra tout le monde d'accord !*

**PRÉPARATION : 20 MIN**
**CUISSON : 25 À 30 MIN**
**RÉFRIGÉRATION : 2 H**

**POUR 6 PERSONNES**

1 pâte sablée rapide réalisée en y ajoutant un peu de cannelle en poudre (voir p. 11)
100 g de chocolat noir
100 g de chocolat au lait
20 cl de crème liquide entière
10 g de beurre
10 g de pépites de nougatine

1 Préparez la pâte sablée rapide (voir p. 11).

2 Préchauffez le four à 170 °C. Étalez la pâte au rouleau et foncez-en un moule à tarte de 24 cm de diamètre. Piquez le fond avec une fourchette, puis déposez dessus une feuille de papier cuisson, coupée à la dimension du fond de tarte. Déposez-y des billes de céramique ou des haricots blancs et faites cuire à blanc pendant 25 à 30 min.

3 Faites bouillir la crème liquide dans une casserole. Une fois bouillante, versez-la en 3 fois sur les chocolats en émulsionnant bien entre chaque ajout à l'aide d'une spatule.

4 Incorporez enfin le beurre et mélangez jusqu'à ce que ce dernier soit totalement fondu. Le mélange doit être lisse et brillant.

5 Versez cette préparation sur le fond de tarte et parsemez de quelques pépites de nougatine. Entreposez au frais au moins 2 h. Sortez la tarte environ 20 min avant de la déguster.

*Le petit plus de Lolo*
*Vous pouvez remplacer les pépites de nougatine par des éclats de pralines roses, des noisettes concassées, des cacahuètes, etc. Laissez libre cours à vos envies !*

# TARTELETTES AUX ABRICOTS
## *et à la crème de noisette*

*Abricots et noisettes, une alliance gourmande à découvrir !*

**PRÉPARATION : 25 MIN**
**CUISSON : 20 À 25 MIN**

**POUR 6 TARTELETTES**

1 pâte sucrée (ou sablée) (voir p. 11)
6 abricots
100 g de poudre de noisette
90 g de beurre
2 œufs
100 g de sucre blond de canne
1 c. à soupe de rhum
1 poignée de noix de pécan

1 Foncez les moules à tartelettes avec la pâte sucrée et piquez le fond avec une fourchette. Faites fondre le beurre et laissez-le refroidir.

2 Préchauffez le four à 180 °C. Dans un cul-de-poule, fouettez les œufs avec le sucre. Ajoutez-y la poudre de noisettes et mélangez. Versez enfin le beurre fondu et le rhum, puis mélangez une dernière fois.

3 Dénoyautez les abricots. Déposez 2 moitiés d'abricot par fond de tarte, face coupée vers le bas. Recouvrez avec l'appareil.

4 Concassez grossièrement les noix de pécan et parsemez-en les tartelettes. Enfournez pour 20 à 25 min de cuisson.

*Le petit plus de Lolo*
*Remplacez le rhum par de l'extrait de vanille et les noix de pécan par quelques amandes effilées !*

# TARTE TATIN
## *à la banane*

*Soleil, chaleur... Direction les îles avec cette tatin tellement parfumée !*

**PRÉPARATION : 25 MIN**
**CUISSON : 35 MIN**

**POUR 6 PERSONNES**

1 pâte feuilletée
5 à 6 bananes
20 g de beurre + un peu pour le moule s'il n'est pas en silicone
1 sachet de sucre vanillé

1 Préchauffez le four à 180 °C. Épluchez et coupez les bananes en 2 dans la longueur.

2 Faites fondre le beurre dans une grande poêle. Déposez-y les bananes, face coupée vers le haut. Laissez cuire 1 min, puis saupoudrez de sucre vanillé. Prolongez la cuisson de 1 min. Les bananes ne doivent pas être trop cuites, au risque d'en faire une purée.

3 Déposez les bananes dans le fond d'un moule à manqué de 22 à 24 cm de diamètre en silicone ou préalablement beurré, en les serrant bien. On ne doit plus voir le fond du moule.

4 Recouvrez avec la pâte feuilletée en prenant soin de bien faire rentrer les bords dans le moule. Piquez le dessus de la pâte à divers endroits avec une fourchette.

5 Enfournez pour 30 min de cuisson. Laissez reposer 5 min avant de démouler la tatin sur un plat de service.

*Le petit plus de Lolo*
*Parsemez de noix de coco râpée et servez avec une boule de glace vanille, dépaysement assuré !*

# TARTE
## à la fourchette

*Une recette de famille, celle de mon arrière-grand-mère, que je tenais à partager avec vous !*

**PRÉPARATION : 25 MIN**
**CUISSON : 30 MIN**
**REPOS : 1 H À 1 H 30**

**POUR 6 PERSONNES**

**Pour la pâte :**
50 g de levure fraîche de boulanger (ou 17 g de levure sèche de boulanger)
15 cl de lait
2 œufs
2 c. à soupe de sucre
125 g de beurre
350 g de farine

**Pour la crème :**
1 l de lait
2 sachets de sucre vanillé
30 morceaux de sucre blanc classique
2 jaunes d'œufs
4 belles c. à soupe de farine
½ sachet de crème impériale à la vanille

1 Préparez la pâte. Mélangez la levure fraîche avec 15 cl de lait tiède. Laissez reposer 10 min. Dans un saladier, mélangez les œufs avec le sucre et le beurre fondu. Incorporez la farine, puis versez le mélange lait-levure petit à petit. Vous devez obtenir une pâte souple et non collante. Ajoutez un peu de lait ou de farine au besoin.

2 Divisez la pâte en 3 boules et foncez 3 moules à tarte d'environ 22 à 24 cm de diamètre avec la pâte, en l'étalant directement dans le plat. Laissez lever 1 h à 1 h 30 à l'abri des courants d'air.

3 Préparez la crème. Faites bouillir le lait avec les sucres. Fouettez les jaunes d'œufs avec la moitié de la farine. Versez un peu de lait bouillant dessus tout en fouettant. Ajoutez la farine restante et mélangez bien. Versez le restant de lait toujours en fouettant, puis reversez le tout dans la casserole. Ajoutez la crème impériale vanille et laissez épaissir à feu doux en ne cessant pas de mélanger.

4 Préchauffez le four à 180 °C. Répartissez la crème sur les fonds de tarte. Enfournez pour 45 min environ de cuisson. Les tartes doivent être bien colorées, de teinte marron et jaune. Poursuivez la cuisson, si ce n'est pas le cas.

*Le petit plus de Lolo*

*Je vous livre ici une recette de famille, celle de mon arrière-grand-mère. La tarte à la fourchette, aussi appelée « tarte à gros bord » ou « au libouli » est une spécialité du Nord, que l'on préparait lors de la ducasse.*

# TARTE FAÇON COOKIE
## au chocolat et au caramel

*Une tarte ultra-gourmande à partager… ou pas !*

**PRÉPARATION : 45 MIN**
**CUISSON : 15 À 18 MIN**

**POUR 6 À 8 PERSONNES**

**Pour le fond de tarte :**
120 g de beurre
80 g de cassonade
1 œuf
180 g de farine
90 g de pépites de chocolat
1 c. à café de levure chimique

**Pour la chantilly au chocolat :**
75 g de chocolat au lait
75 g de chocolat noir
40 cl de crème liquide

**Pour le montage :**
3 c. à soupe de caramel au beurre salé
Des éclats de caramel

1 Préchauffez le four à 180 °C. Battez au fouet électrique, dans un saladier, le beurre mou avec la cassonade jusqu'à obtention d'une texture crémeuse. Ajoutez l'œuf et fouettez au batteur électrique. Incorporez la farine, les pépites de chocolat et la levure et mélangez rapidement sans trop travailler la pâte.

2 Déposez un cercle à tarte de 24 cm de diamètre sur une plaque recouverte de papier cuisson ou d'un tapis en silicone. Répartissez la pâte dans le cercle en tassant bien avec le dos d'une cuillère. Enfournez pour 15 à 18 min. Le dessus doit être doré, mais l'intérieur pas trop cuit, cela finira de cuire en refroidissant. Laissez refroidir à température ambiante.

3 Préparez la chantilly au chocolat. Faites fondre les deux chocolats au bain-marie ou au four à micro-ondes. Laissez-les refroidir. Montez la crème liquide en chantilly bien ferme. Incorporez cette chantilly aux chocolats à l'aide d'une spatule en soulevant bien le mélange. Versez la chantilly dans une poche à douille munie de la douille de votre choix et réservez au frais.

4 Réalisez le montage. Répartissez le caramel au beurre salé sur le fond de tarte avec une cuillère à soupe ou une spatule plate. Pochez la chantilly dessus. Décorez avec quelques éclats de caramel. Réservez au frais et sortez la tarte 20 min avant de la déguster.

*Le petit plus de Lolo*
*Vous pouvez réaliser le fond de tarte la veille pour le lendemain. Il ne vous restera plus qu'à réaliser la chantilly et le montage le jour même.*

JAR

# INDEX
## *par ingrédient*


## A

**Abricot**
Tartelettes aux abricots et à la crème de noisette ........ 98
**Ail**
Tarte rustique aux champignons, épinards et noisettes ........ 24
**Amande (poudre)**
Pâte sucrée ........ 11
Tarte amandine aux poires et au chocolat ........ 90
Tarte aux cerises amarena et à la pistache ........ 94
**Asperge**
Quiche toute verte ........ 60
**Aubergine**
Quiche légère aux légumes d'été ... 26
Tarte crumble à l'aubergine, pesto et chèvre frais ........ 38
**Avocat**
Salade d'avocats au jambon, poivron et oignon rouge ........ 21

## B

**Bacon**
Tarte au potimarron, noisettes et bleu d'Auvergne ........ 44
Tarte aux ravioles et à la mozzarella ........ 54
**Banane**
Tarte Tatin à la banane ........ 100
**Basilic**
Mini-quiches allégées aux poivrons et aux olives noires ........ 50
Salade de poivrons à la grecque .. 20
**Beurre**
Pâte brisée classique ........ 10
Pâte sablée ........ 11
Pâte sablée rapide ........ 11
Pâte sucrée ........ 11
Tarte à la fourchette ........ 102
Tarte façon cookie au chocolat et au caramel ........ 104
Tarte fine aux poireaux et aux Saint-Jacques ........ 52
Tarte Tatin à la banane ........ 100
Tartelettes au citron et aux spéculoos ........ 92
**Bleu d'Auvergne**
Tarte au potimarron, noisettes et bleu d'Auvergne .... 44
**Bœuf**
Tarte façon bolognaise ........ 64
**Brocoli**
Quiche au brocoli, saumon et parmesan ........ 46
**Burrata**
Tarte légère aux courgettes et à la burrata ........ 74
**Butternut**
Quiche au butternut et au chorizo . 56
Tartelettes au butternut, confit d'oignons et roquefort ... 30

## C

**Caramel au beurre salé**
Tarte façon cookie au chocolat et au caramel ........ 104
**Carotte**
Quiche au poulet, carottes et curry ........ 70
Quiche aux carottes, chèvre frais et chorizo ........ 32
**Cerise amarena**
Tarte aux cerises amarena et à la pistache ........ 94
**Champignons**
Tarte rustique aux champignons, épinards et noisettes ........ 24
**Chèvre frais**
Quiche aux carottes, chèvre frais et chorizo ........ 32
Tarte à la patate douce et aux oignons rouges ........ 78
Tarte crumble à l'aubergine, pesto et chèvre frais ........ 38
**Chocolat (pépites)**
Tarte amandine aux poires et au chocolat ........ 90
Tarte façon cookie au chocolat et au caramel ........ 104
**Chocolat au lait**
Tarte au chocolat ........ 96
Tarte façon cookie au chocolat et au caramel ........ 104
**Chocolat noir**
Tarte au chocolat ........ 96
Tarte façon cookie au chocolat et au caramel ........ 104
**Chorizo**
Quiche au butternut et au chorizo ........ 56
Quiche aux carottes, chèvre frais et chorizo ........ 32
Tourte aux épinards, chorizo et ricotta ........ 36
**Ciboulette**
Flammekueche légère au saumon fumé ........ 80
Salade d'avocats au jambon, poivron et oignon rouge ........ 21

Tartelettes express au thon
et aux tomates ... **58**
Tatin de pommes de terre au lard **72**
**Citron**
Tartelettes au citron
et aux spéculoos ... **92**
**Comté**
Quiche aux pommes de terre,
lardons et comté ... **66**
**Concombre**
Salade de quinoa à la tomate,
concombre et menthe ... **19**
**Confit d'oignon**
Tartelettes au butternut,
confit d'oignon et roquefort ... **30**
**Courgette**
Quiche légère aux légumes d'été . **26**
Tarte fine aux courgettes
et à la feta ... **28**
Tarte légère aux courgettes
et à la burrata ... **74**
**Crème (fraîche, végétale...)**
Quiche aux pommes de terre,
lardons et comté ... **66**
Quiche lorraine comme
chez le boulanger ... **40**
Tarte au chocolat ... **96**
Tarte aux poires, lardons et chèvre **62**
Tarte fine aux courgettes
et à la feta ... **28**
Tarte fine aux poireaux
et aux Saint-Jacques ... **52**
**Curry (pâte de)**
Quiche au poulet, carottes
et curry ... **70**

## E

**Emmental**
Quiche lorraine comme
chez le boulanger ... **40**
Tarte façon bolognaise ... **64**
Tatin de pommes de terre au lard **72**
**Endive**
Salade d'endives aux pommes
et aux noix ... **16**
**Épinard**
Tarte rustique aux champignons,
épinards et noisettes ... **24**
Tourte aux épinards,
chorizo et ricotta ... **36**

## F

**Farine**
Pâte brisée au fromage blanc ... **10**
Pâte brisée à l'huile d'olive ... **10**
Pâte brisée classique ... **10**
Pâte sablée ... **11**
Pâte sablée rapide ... **11**
Pâte sucrée ... **11**
Tarte à la fourchette ... **102**
Tarte crumble à l'aubergine,
pesto et chèvre frais ... **38**
Tarte façon cookie au chocolat
et au caramel ... **104**
**Feta**
Quiche toute verte ... **60**
Salade de poivrons à la grecque . **20**
Tarte fine aux courgettes
et à la feta ... **28**
**Framboise**
Tarte aux framboises
et à la crème pâtissière ... **88**
**Fromage blanc**
Flammekueche légère
au saumon fumé ... **80**
Pâte brisée au fromage blanc ... **10**
**Quiche aux carottes,**
chèvre frais et chorizo ... **32**
Tarte aux ravioles
et à la mozzarella ... **54**
**Fromage de chèvre**
Tarte aux poires, lardons et chèvre **62**
**Fromage frais**
Quiche toute verte ... **60**

## H

**Huile d'olive**
Pâte brisée à l'huile d'olive ... **10**
Pâte brisée au fromage blanc ... **10**

## J

**Jambon de Parme**
Salade d'avocats au jambon,
poivron et oignon rouge ... **21**

## L

**Lait**
Tarte à la fourchette ... **102**
Tarte aux framboises
et à la crème pâtissière ... **88**
**Lait de coco**
Quiche aux poireaux,
saumon et lait de coco ... **76**
**Lard**
Quiche lorraine comme
chez le boulanger ... **40**
Tatin de pommes de terre au lard **72**
**Lardon**
Quiche aux pommes de terre,
lardons et comté ... **66**
Tarte aux poires, lardons et chèvre .
**62**
**Levure de boulanger**
Tarte à la fourchette ... **102**

## M

**Mâche**
Salade de mâche aux raisins
et aux noisettes ... **18**
**Magret de canard**
Tatins aux pommes et au magret
de canard fumé ... **48**
**Mascarpone**
Tartelettes aux pommes
et au mascarpone ... **86**
**Menthe**
Salade de quinoa à la tomate,
concombre et menthe ... **19**
**Miel**
Tatins aux pommes et au magret
de canard fumé ... **48**
**Mozzarella**
Tarte aux ravioles
et à la mozzarella ... **54**

## N

**Noisette**
Salade de mâche aux raisins et aux noisettes ..... **18**
Tarte au potimarron, noisettes et bleu d'Auvergne ..... **44**
Tarte rustique aux champignons, épinards et noisettes ..... **24**
**Noisettes (poudre)**
Tartelettes aux abricots et à la crème de noisette ..... **98**
**Noix**
Salade d'endives aux pommes et aux noix ..... **16**
Tartelettes au butternut, confit d'oignons et roquefort ..... **30**
**Noix de Saint-Jacques**
Tarte fine aux poireaux et Saint-Jacques ..... **52**

## O

**Œuf**
Quiche au brocoli, saumon et parmesan ..... **46**
Quiche au butternut et au chorizo ..... **56**
Quiche au poulet, carottes et curry ..... **70**
Quiche aux carottes, chèvre frais et chorizo ..... **32**
Quiche aux poireaux, saumon et lait de coco ..... **76**
Quiche légère aux légumes d'été ..... **26**
Quiche lorraine comme chez le boulanger ..... **40**
Quiche toute verte ..... **60**
Tarte aux framboises et à la crème pâtissière ..... **88**
Tarte crumble à l'aubergine, pesto et chèvre frais ..... **38**
**Oignon blanc**
Pissaladière revisitée aux sardines et deux oignons ..... **34**
**Oignon rouge**
Pissaladière revisitée aux sardines et deux oignons ..... **34**
Salade d'avocats au jambon, poivron et oignon rouge ..... **21**
Tarte à la patate douce et aux oignons rouges ..... **78**
Tatins aux oignons rouges et au sirop d'érable ..... **82**
**Olive**
Mini-quiches allégées aux poivrons et aux olives noires ..... **50**
Salade de poivrons à la grecque ..... **20**
Salade de quinoa à la tomate, concombre et menthe ..... **19**

## P

**Parmesan**
Quiche au brocoli, saumon et parmesan ..... **46**
Quiche au butternut et au chorizo ..... **56**
Quiche légère aux légumes d'été ..... **26**
Salade de roquette aux pignons et au parmesan ..... **17**
Tartelettes fines aux tomates cerises et au pesto ..... **68**
Tatin de poivrons ..... **42**
Tourte aux épinards, chorizo et ricotta ..... **36**
**Patate douce**
Tarte à la patate douce et aux oignons rouges ..... **78**
**Pâte à pizza**
Flammekueche légère au saumon fumé ..... **80**
**Pâte brisée**
Mini-quiches allégées aux poivrons et aux olives noires ..... **50**
Quiche au brocoli, saumon et parmesan ..... **46**
Quiche au butternut et au chorizo ..... **56**
Quiche au poulet, carottes et curry ..... **70**
Quiche aux carottes, chèvre frais et chorizo ..... **32**
Quiche aux poireaux, saumon et lait de coco ..... **76**
Quiche aux pommes de terre, lardons et comté ..... **66**
Quiche légère aux légumes d'été ..... **26**
Quiche lorraine comme chez le boulanger ..... **40**
Quiche toute verte ..... **60**
Tarte à la patate douce et aux oignons rouges ..... **78**
Tarte aux poires, lardons et chèvre ..... **62**
Tarte crumble à l'aubergine, pesto et chèvre frais ..... **38**
Tarte façon bolognaise ..... **64**
Tarte fine aux courgettes et à la feta ..... **28**
Tarte rustique aux champignons, épinards et noisettes ..... **24**
Tatins aux oignons rouges et au sirop d'érable ..... **82**
Tatin de pommes de terre au lard ..... **72**
**Pâte brisée au fromage blanc**
Tarte légère aux courgettes et à la burrata ..... **74**
**Pâte feuilletée**
Pissaladière revisitée aux sardines et deux oignons ..... **34**
Tarte au potimarron, noisettes et bleu d'Auvergne ..... **44**
Tarte aux ravioles et à la mozzarella ..... **54**
Tarte fine aux poireaux et aux Saint-Jacques ..... **52**
Tarte tatin à la banane ..... **100**
Tartelettes au butternut, confit d'oignons et roquefort ..... **30**
Tartelettes fines aux tomates cerises et au pesto ..... **68**
Tatin de poivrons ..... **42**
Tatins aux pommes et au magret de canard fumé ..... **48**
Tourte aux épinards, chorizo et ricotta ..... **36**
**Pâte filo**
Tartelettes express au thon et aux tomates ..... **58**
**Pâte sablée**
Tarte au chocolat ..... **96**
Tarte aux framboises et à la crème pâtissière ..... **88**

Tartelettes aux pommes et au mascarpone ... 86
**Pâte sucrée**
Tarte amandine aux poires et au chocolat ... 90
Tarte aux cerises amarena et à la pistache ... 94
Tartelettes aux abricots et à la crème de noisette ... 98
**Pesto verde**
Tarte crumble à l'aubergine, pesto et chèvre frais ... 38
Tarte fine aux courgettes et à la feta ... 28
Tartelettes fines aux tomates cerises et au pesto ... 68
**Petit pois**
Quiche toute verte ... 60
**Pignon de pin**
Salade de roquette aux pignons et au parmesan ... 17
**Pistache (pâte)**
Tarte aux cerises amarena et à la pistache ... 94
**Poire**
Tarte amandine aux poires et au chocolat ... 90
Tarte aux poires, lardons et chèvre ... 62
**Poireau**
Quiche aux poireaux, saumon et lait de coco ... 76
Tarte fine aux poireaux et aux Saint-Jacques ... 52
**Poivron**
Mini-quiches allégées aux poivrons et aux olives noires ... 50
Quiche légère aux légumes d'été ... 26
Salade d'avocats au jambon, poivron et oignon rouge ... 21
Salade de poivrons à la grecque ... 20
Tatin de poivrons ... 42
**Pomme**
Salade d'endives aux pommes et aux noix ... 16
Tartelettes aux pommes et au mascarpone ... 86
Tatins aux pommes et au magret de canard fumé ... 48
**Pommes de terre**
Quiche aux pommes de terre, lardons et comté ... 66
Tatin de pommes de terre au lard ... 72
**Potimarron**
Tarte au potimarron, noisettes et bleu d'Auvergne ... 44
**Poulet**
Quiche au poulet, carottes et curry ... 70

## Q

**Quinoa**
Salade de quinoa à la tomate, concombre et menthe ... 19

## R

**Raisins**
Salade de mâche aux raisins et aux noisettes ... 18
**Raviole**
Tarte aux ravioles et à la mozzarella ... 54
**Ricotta**
Tarte légère aux courgettes et à la burrata ... 74
Tourte aux épinards, chorizo et ricotta ... 36
**Roquefort**
Tartelettes au butternut, confit d'oignons et roquefort ... 30
**Roquette**
Salade de roquette aux pignons et au parmesan ... 17

## S

**Sardine**
Pissaladière revisitée aux sardines et deux oignons ... 34
**Saumon**
Flammekueche légère au saumon fumé ... 80
Quiche au brocoli, saumon et parmesan ... 46
Quiche aux poireaux, saumon et lait de coco ... 76
**Sirop d'érable**
Tatins aux oignons rouges et au sirop d'érable ... 82
**Spéculoos**
Tartelettes au citron et aux spéculoos ... 92
**Sucre**
Pâte sablée ... 11
Tarte à la fourchette ... 102
**Sucre blond de canne**
Tarte amandine aux poires et au chocolat ... 90
Tarte aux framboises et à la crème pâtissière ... 88
Tartelettes au citron et aux spéculoos ... 92
Tartelettes aux abricots et à la crème de noisette ... 98
Tartelettes aux pommes et au mascarpone ... 86
**Sucre glace**
Pâte sucrée ... 11

## T

**Tapenade d'olive**
Pissaladière revisitée aux sardines et deux oignons ... 34
Tatin de poivrons ... 42
**Thon**
Tartelettes express au thon et aux tomates ... 58
**Tomate (sauce)**
Tarte façon bolognaise ... 64
**Tomate**
Tartelettes express au thon et aux tomates ... 58
**Tomate cerise**
Salade de quinoa à la tomate, concombre et menthe ... 19
Tartelettes fines aux tomates cerises et au pesto ... 68

# INDEX

## *par recette*

### Recettes à la viande


Quiche au butternut et au chorizo ........ **56**
Quiche au poulet, carottes et curry ........ **70**
Quiche aux carottes, chèvre frais et chorizo ........ **32**
Quiche aux pommes de terre, lardons et comté ........ **66**
Quiche lorraine comme chez le boulanger ........ **40**
Tarte au potimarron, noisettes et bleu d'Auvergne ........ **44**
Tarte aux poires, lardons et chèvre ........ **62**
Tarte aux ravioles et à la mozzarella ........ **54**
Tarte façon bolognaise ........ **64**
Tatin de pommes de terre au lard ........ **72**
Tatins aux pommes et au magret de canard fumé ........ **48**
Tourte aux épinards, chorizo et ricotta ........ **36**


### Recettes automne-hiver


Quiche au butternut et au chorizo ........ **56**
Quiche aux carottes, chèvre frais et chorizo ........ **32**
Quiche aux poireaux, saumon et lait de coco ........ **76**
Quiche aux pommes de terre, lardons et comté ........ **66**
Quiche lorraine comme chez le boulanger ........ **40**
Tarte à la fourchette ........ **102**
Tarte à la patate douce et aux oignons rouges ........ **78**
Tarte amandine aux poires et au chocolat ........ **90**
Tarte au chocolat ........ **96**
Tarte au potimarron, noisettes et bleu d'Auvergne ........ **44**
Tarte aux poires, lardons et chèvre ........ **62**
Tarte aux ravioles et à la mozzarella ........ **54**
Tarte façon bolognaise ........ **64**
Tarte fine aux poireaux et aux Saint-Jacques ........ **52**
Tarte rustique aux champignons, épinards et noisettes **24**
Tartelettes au butternut, confit d'oignons et roquefort **30**
Tartelettes aux pommes et au mascarpone ........ **86**
Tatin de pommes de terre au lard ........ **72**
Tatins aux pommes et au magret de canard fumé ........ **48**
Tatins aux oignons rouges et au sirop d'érable ........ **82**


### Recettes au poisson


Flammekueche légère au saumon fumé ........ **80**
Pissaladière revisitée aux sardines et deux oignons ........ **34**
Quiche au brocoli, saumon et parmesan ........ **46**
Quiche aux poireaux, saumon et lait de coco ........ **76**
Tarte fine aux poireaux et aux Saint-Jacques ........ **52**
Tartelettes express au thon et aux tomates ........ **58**


### Recettes printemps-été


Flammekueche légère au saumon fumé ........ **80**
Mini-quiches allégées aux poivrons
et aux olives noires ........ **50**
Pissaladière revisitée aux sardines et deux oignons ........ **34**
Quiche au brocoli, saumon et parmesan ........ **46**
Quiche au poulet, carottes et curry ........ **70**
Quiche légère aux légumes d'été ........ **26**
Quiche toute verte ........ **60**
Tarte aux cerises amarena et à la pistache ........ **94**
Tarte aux framboises et à la crème pâtissière ........ **88**
Tarte crumble à l'aubergine, pesto et chèvre frais **38**
Tarte façon cookie au chocolat et au caramel ........ **104**
Tarte fine aux courgettes et à la feta ........ **28**
Tarte légère aux courgettes et à la burrata ........ **74**
Tarte Tatin à la banane ........ **100**
Tartelettes au citron et aux spéculoos ........ **92**
Tartelettes aux abricots et à la crème de noisette ........ **98**
Tartelettes express au thon et aux tomates ........ **58**
Tartelettes fines aux tomates cerises et au pesto ........ **68**
Tatin de poivrons ........ **42**
Tourte aux épinards, chorizo et ricotta ........ **36**


### Recettes végétariennes


Mini-quiches allégées aux poivrons
et aux olives noires ........ **50**
Quiche légère aux légumes d'été ........ **26**
Quiche toute verte ........ **60**
Tarte à la patate douce et aux oignons rouges ........ **78**
Tarte crumble à l'aubergine, pesto et chèvre frais ........ **38**
Tarte fine aux courgettes et à la feta ........ **28**
Tarte légère aux courgettes et à la burrata ........ **74**
Tarte rustique aux champignons, épinards et noisettes **24**
Tartelettes au butternut, confit d'oignons et roquefort **30**
Tartelettes fines aux tomates cerises et au pesto ........ **68**
Tatin de poivrons ........ **42**
Tatins aux oignons rouges et au sirop d'érable ........ **82**

**Remerciements**

Je tiens à remercier les éditions Larousse, particulièrement,
Émilie Franc et Julie Martin,
de m'avoir permis de réaliser ce superbe projet.

Merci à mes éditrices Flore Beaugendre et Laure Grignon
pour leurs précieux conseils et leur écoute.

Merci aux photographes et stylistes Delphine Lebrun et Sophie Dumont
pour les superbes photographies qui illustrent ce livre.

Merci à mes deux amours, pour leur patience et leur soutien,
et pour s'être dévoués à goûter à ces 42 tartes.

Merci enfin à ma petite étoile, qui j'aime à le croire, n'est pas pour rien
dans cette belle aventure et qui continue de veiller sur moi.

Photographies : Sophie Dumont, sauf p. 4, 8, 10, 12 et 14 : Shutterstock.

**Direction de la publication :** Isabelle Jeuge-Maynart et Ghislaine Stora
**Direction éditoriale :** Émilie Franc et Julie Martin
**Direction artistique :** Géraldine Lamy
**Édition :** Flore Beaugendre et Laure Grignon
**Couverture :** Véronique Laporte-Bouchereau
**Conception graphique et mise en pages :** Claire Morel Fatio
**Fabrication :** Émilie Latour
**Préparation de copie :** Audrey Peuportier
**Relecture :** Marie-Ève Foutieau

Les Éditions Larousse utilisent des papiers composés de fibres naturelles, renouvelables, recyclables et fabriquées à partir de bois issus de forêts qui adoptent un système d'aménagement durable. En outre, les Éditions Larousse attendent de leurs fournisseurs de papier qu'ils s'inscrivent dans une démarche de certification environnementale reconnue.

PAPIER À BASE DE FIBRES CERTIFIÉES

LAROUSSE s'engage pour l'environnement en réduisant l'empreinte carbone de ses livres. Celle de cet exemplaire est de :
**1,6 kg éq. $CO_2$**
Rendez-vous sur www.larousse-durable.fr


ISBN : 978-2-03-604439-5
Imprimé en Espagne par Estella Graficas
Dépôt légal : février 2023
332808 - 11051892 - décembre 2022